W0308327

Lo no revelado de

La Novena Revelación

A todos los profetas que no olvidaron su condición humana como:
Edward Bach
Carl J. Jung
Pierre Teilhard de Chardin...

Indice

Introducción...7

Capítulo I: *La Novena Revelación como mito y como historia*.......9

La Novena Revelación como mito 9
El problema de Edipo 11
La Novena Revelación como historia.. 12

Capítulo II: *La Novena Revelación como profecía*.........................15

El texto celestino como don 15
El texto celestino como obra de Dios y de los hombres 16
El texto celestino como profecía 16
El texto celestino como texto arquetípico 17
La Novena Revelación como visión 18

Capítulo III: *El relato de un encuentro* 21

I. La Primera Visión: *La masa crítica* 25
A. Estructura de la visión 25
B. Estructura conceptual 26

II. La Segunda Visión: *Un aún más permanente* 37
A. Estructura de la visión 37
B. Estructura conceptual 38

III. La Tercera Visión: *El universo como energía* 47
A. Estructura de la visión 47
B. Estructura conceptual 49

IV. La Cuarta Visión: *Las relaciones de poder* 55
A. Estructura de la visión 55
B. Estructura conceptual 56

V. La Quinta Visión: *La conexión cósmica* 65
A. Estructura de la visión 65
B. Estructura conceptual 66

VI. La Sexta Visión: *Otras fuentes de energía* 73
A. Estructura de la visión 73
B. Estructura conceptual 75

VII. La Séptima Visión: *Identificar preguntas* 93
A. Estructura de la visión 93
B. Estructura conceptual 94

VIII. La Octava Visión: *Relaciones adictivas* 99
A. Estructura de la visión 99
B. Estructura conceptual 100

IX. La Novena Visión: *La cultura emergente* 105
A. Estructura de la visión 105
B. Estructura conceptual 106

Capítulo IV: *Balance de una ilusión* 117
1. Ilusión y malestar 118
2. Los imaginarios 119
a. El imaginario de la guerra espiritual 119
b. El imaginario del poder 120
c. El imaginario de la simplicidad y la trascendencia 120
d. El imaginario de la cultura emergente 121
3. ¿Qué nos proponemos? 121

Introducción

"Vida y espíritu son dos potencias o forzosidades entre las que se halla colocado el hombre. El espíritu presta sentido a la vida y posibilidad de expansión. Pero la vida le es imprescindible al espíritu, porque su verdad de nada vale si no puede vivirla."

C. G.Jung

Casi como una "casualidad" es que tomamos contacto con *La Profecía Celestina* como libro. No importa la circunstancia específica, pero sí el hecho de que tuvimos frente a esta novela reacciones encontradas y quizás el encuentro de perspectivas diferentes fue como un motor que disparó la idea de escribir sobre los "supuestos" que sostienen, o deberían sostener, el "pensamiento celestino".

Durante una época, funcionamos, de hecho y sin proponérnoslo, como fiscal y abogado defensor, tratando de reflexionar sobre un texto que a pesar de su debilidad narrativa y literaria, provocaba un impacto singular en muchas personas. Fue un tiempo en que todos los días alguien preguntaba si habíamos leído *La Novena Revelación.*

Simultáneamente comenzaron a suceder, a nuestro alrededor, una cadena de numerosos hechos "sincronísticos" en torno de *La Novena Revelación*, coincidencias que también les ocurrían a amigos o alumnos que se vinculaban con el tema, de modo que no podíamos negarnos a reconocer la evidencia de la fuerza de la energía que este texto movilizaba.

Desde el principio supimos que nos encontrábamos con algo conocido, como con una especie de "ya leído", como si el autor hubiera tomado referencias que fueron, para nosotros y para muchos otros, lecturas cotidianas bien identificables y las hubiera puesto en novela. Por lo tanto lo que decimos en estas páginas habla tanto de nostros como de *La Novena Revelación.*

Pretendemos trasmitir en este libro la experiencia que generó, dentro de nuestras almas, un texto, que nos sirvió como pretexto para volver a poner nuestros ojos en ciertos caminos que son necesarios que tracemos una y otra vez, porque son como las arenas del desierto, siempre dispuestas a volar de una parte a otra, a esfumarse tras el viento. Caminos que tendemos a olvidar que existen y que son los que camina la humanidad en busca, como Psique, del amor.

En esta experiencia de búsqueda hemos contado con la colaboración inestimable de Mariana Duhau, a quien agradecemos muy profundamente su acompañamiento y trabajo.

Nos encanta la idea de que este libro sea publicado por Ediciones Continente, editorial a la cual puede aplicarse con seguridad la frase de Goethe: "Sin prisa y sin pausa, como las estrellas".

Eduardo Grecco y
Bárbara Espeche

Invierno de 1995

Capítulo I

La Novena Revelación como mito y como historia

"... que el hombre no tiene sentido más que a condición de colocarse en el punto de vista del sentido."

C.Lévi-Strauss

¿De qué habla *La Novena Revelación*? ¿Cuál es su tema?

Si de algo trata *La Profecía Celestina* es de una búsqueda. Más bien, del recorrido de una búsqueda. Es un texto sobre un recorrido, cuyos caminos están llenos de obstáculos y peligros, una especie de viaje argonáutico, que en vez del Vellocino de Oro, promete el logro de una serie de revelaciones capaces de hacernos cambiar no sólo nuestra vida sino también la vida de la humanidad.

La Novena Revelación como mito

Si aplicamos el modelo de análisis del mito a *La Novena Revelación* tenemos que partir de aceptar este libro como un residuo, que no sólo es producto final de una cadena de acontecimientos, que repiten historias ya contadas de modos muy diversos y en diferentes tiempos, sino que contiene a lo largo de su discurso series que combinan en distinto orden elementos de un mismo conjunto: encuentros misteriosos, viajes, obstáculos, peligros, prisiones, muertes, descubrimientos, revelaciones...

Presenta este perfil en tanto que -es nuestra hipótesis- *La Novena*

Revelación puede reconocerse como un plano del espiral que representa todo un ciclo de búsqueda de la humanidad. Búsqueda que resurge una y otra vez, indefinidamente, en tanto la verdad que intenta alcanzar siempre escapa a ser capturada, porque es del orden de lo inasible, lo imposible de ser aprehendido por el conocimiento de la conciencia.

Y si miramos en conjunto todo este "ciclo de búsqueda" de la humanidad plasmada en los mitos de "revelación", podemos mirar *La Profecía Celestina* como un proceso de circulación, un gran viaje hacia el encuentro de un tesoro cuyo descubrimiento nos cambia profundamente. Al hacer un balance global de la novela de James Redfield y después de filtrar los contenidos científicos, esotéricos y milenaristas que posee, lo que nos queda es un residuo que ya podemos encontrar repetido, una y otra vez, en los relatos míticos.

Claro está que uno bien puede plantearse cómo es que en el tiempo y la distancia, en la geografía distinta y la cultura diversa, se reitera una misma invariante: el recorrido de una búsqueda, que puede hallarse en las historias de los Argonautas, de Gilgamesh, el pueblo de Israel en el desierto, los trabajos de Hércules... o *La Novena Revelación.*

En este recorrido aparece en primer lugar (como en otros discursos míticos) el encuentro con un descubrimiento enigmático que moviliza el inicio de la búsqueda. A partir de allí, como en los juegos infantiles de tableros, dados y casilleros, surgen obstáculos en el recorrido que son, al mismo tiempo, puntos de apoyo y barrera a vencerse. Pero que siempre dejan un aprendizaje posible.

Y estos obstáculos -un abismo, un pozo, una montaña, un puente, un camino cerrado- juegan al mismo tiempo como fractura, como discontinuidad en la continuidad del recorrido y también como conectores de lo desconectado, en tanto tras cada obstáculo siempre hay algo nuevo que nos permite dar sentido a lo transitado. Así la comunicación cortada se restablece, se abren nuevos horizontes; el deambular, hasta ese momento, aparentemente sin sentido, cobra significación.

De este modo podríamos decir que el libro de *La Profecía Celestina* es un discurso sobre un camino posible de conexión de los procesos históricos y naturales de la humanidad; un trabajo de conexión de lo desconectado, de abrir lo cerrado, de anudar lo disperso en una unidad, de alcanzar una visión globalizante de la realidad de la vida, de dar una nueva identidad necesaria a la conciencia de la especie.

El problema de Edipo

El mito de Edipo sirve tanto para ejemplificar nuestra hipótesis sobre el recorrido mítico, como para señalar el hecho de que el destino trágico de este hombre transitó entre "enigmas" que insistentemente se le revelaban.

Vamos a recordar la historia de Edipo, que de lo que trata es de cómo un hombre, pretendiendo escapar de una profecía (su destino), se dirige al lugar donde va a hacerla cierta. Todo había comenzado (solo para remontarnos a los tiempos más cercanos de Edipo) cuando su padre Layo y su madre Yocasta gobernaban Tebas. Entonces asiste a Layo una premonición, confirmada por predicciones: su hijo lo iba a defenestrar; por lo tanto, cuando éste nace lo hace colocar en un cepo y lo deja a merced de las fieras, en un monte. Pero ocurre lo inesperado. Pasa por allí el rey de Corinto, que se lleva al niño y lo cuida como hijo propio. Edipo crece en la ignorancia de su origen y un día, consultando el oráculo de Delfos, recibe una terrible noticia: matará a su padre y yacerá con su madre. Para evitar este mal huye, y en esta partida, en este deambular, comienza a cumplirse su destino. En un camino, en una encrucijada (el cruce de Megas) se encuentra con una cuadriga conducida por un hombre que, al creer que no le quiere dar paso, lo hostiga con una pértiga. Edipo toma la pértiga, lo hace caer, y el hombre golpea contra las rocas y muere. Edipo continúa su camino ignorando que el muerto es Layo, su auténtico padre, al que ha matado sin saberlo. En las puertas de Tebas encuentra la Esfinge, mitad mujer y mitad león, que plantea enigmas a los transeúntes, quienes deben resolverlos o serán aniquilados. Edipo resuelve los enigmas y la Esfinge es la que muere. Este triunfo lo hace entrar en Tebas para ser coronado como rey. Esto lo conduce a yacer con Yocasta (su madre), cumpliéndose así la profecía de la cual había tratado de huir.

Pero hay en el relato edípico varios elementos importantes para nuestro trabajo. Uno es el símbolo de la encrucijada. Edipo encuentra su destino en un cruce de caminos diferentes para ser tomados, una bifurcación, alternativas cuyos resultados conducen siempre a la tragedia, es decir a un destino imposible de no cumplir. En el cruce mata a su padre. La Esfinge también es un cruce (animal y humano por mitades). Cuando Yocasta menciona que Layo ha sido muerto en un cruce de caminos, Edipo reconoce haber matado a su padre...

Los personajes del libro de *La Novena Revelación* viven permanentemente de encrucijada en encrucijada, enfrentando esfinges, resolviendo enigmas, huyendo del peligro y encontrándose ante aquello de lo que escapaban. Como si estuviese escrito, al igual que en Edipo, desde el primer encuentro el capítulo final.

Pero así como la encrucijada es un símbolo de caminos que se bifurcan, destinos que se abren, también representa lo que une, lo que ata, lo que da continuidad. Así como Teseo, Edipo va salvando accidentes, bifurcaciones, peligros, desastres... Justamente Edipo y Teseo son ese recorrido; lo que supone que antes de este discurso los espacios que ellos unen, en el mito, existían sin relación, hundidos en el caos.

Los viajes de Ulises, Edipo, Gilgamesh, Jesús, Gulliver o muchos otros son recorridos, pero también son discursos. Más justamente el recorrido de un discurso. Discurso que tiene por finalidad el comunicar tanto una historia como un proyecto, tanto pasado como destino.

El mito intenta, pues, transformar en espacio de comunicación, en relato trasmisible, un caos de sucesos y pensamientos desvinculados entre sí, intenta volver a anudar, a atar las fragmentaciones, aparentemente incomprensibles, que componen la historia de la humanidad. Porque la humanidad sólo avanza y evoluciona, como el hombre individual, en la medida en que integra, cada vez en complejidades más abarcativas, en unidades más globales y más conscientes, la diversidad de su experiencia interior y exterior.

Del mismo modo, *La Novena Revelación*, en tanto mito, viene a ser un texto que cumple la función de trazado de una búsqueda, de síntesis arquetípica, y su personaje, sin nombre, es cada uno de nosotros mismos que intenta alcanzar la conciencia de una nueva conciencia, un paso más hacia lo que Teilhard de Chardin avizoraba como destino de la humanidad: el punto Omega. Ilustra la aventura de la humanidad en busca de su realización como especie.

La Novena Revelación como historia

Así como *La Novena Revelación* puede ser considerada como mito,[1] con la eficacia que todo mito posee -y quizás aquí resida su fuerza convocante- también podemos verla como historia.

[1] "El sueño es la mitología privada del durmiente y el mito el sueño despierto de los pueblos." Sigmund Freud, *Interpretación de los sueños.*

En tanto historia es la narración de sucesos, en este caso de un doble juego de sucesos: de hombres actuales en búsqueda de un manuscrito y la del manuscrito en sí mismo. Si ambas historias pertenecen al orden de lo verídico o no, no es la cuestión central que nos interesa. La concepción de la historia que nos parece conveniente es aquella que nos plantea que la historia no corresponde a ninguna realidad, ya que los "hechos históricos" son, en verdad lo que el historiador constituye como tales. Lo que cuenta no es lo que al hombre le sucede, sino lo que el hombre hace con lo que le sucede. Dicho de otra manera, la historia nunca es algo abstracto u objetivo sino "historia-para". Es lo que un grupo de personas atribuyen a un conjunto de acontecimientos, en un tiempo dado, como significación compartida, atribución que es prisionera de los compromisos y cosmovisiones que caracterizan a ese grupo particular.

Todo esto quiere decir que "una masa crítica" de personas, compartiendo un visión común de los acontecimientos, les da a éstos la realidad que luego van a adquirir como texto, independientemente de si esto fue o no así, ya que la historia es un fenómeno de "conciencia colectiva".

Celestine bien puede ser una nueva Troya. Los manuscritos celestinos pueden ser los nuevos escritos del Mar Muerto o todo puede ser inexistente. No importa. Es en la estructura arquetípica e inconsciente de la humanidad en donde reside la memoria de estos hechos, ya que a este orden pertenecen las "revelaciones".

Nosotros tenemos la convicción de que es en la arqueología psíquica de la historia de la humanidad, escrita en los símbolos colectivos, donde hay que excavar para tratar de hallar los verdaderos Manuscritos Celestinos.

Capítulo II

La Novena Revelación como profecía

"¿No es ahí precisamente a donde el dedo señala lo imposible?"

P.Teilhard de Chardin

Si tomamos los textos celestinos dándoles, por necesidad lógica y no histórica, el estatuto de acontecidos, pueden ser vistos como revelaciones destinadas a iluminar a la humanidad con el saber divino. En este sentido adquieren el carácter de "Escritos Sagrados" y esto implica una serie de consecuencias que deben ser comprendidas dentro del marco preciso que acabamos de sostener, que no sugiere otra cosa que una remitencia a la arqueología de lo psíquico, como instancia explicativa del fenómeno celestino. Al efectuar este planteo estamos tratando de poner en evidencia que la capacidad generatriz y transformadora que produce el texto de *La Novena Revelación* en la sociedad no reside en la escritura misma, sino en que ella expresa cierta energía transpersonal y arquetípica del hombre. La voz de Dios es energía arquetípica hecha palabra. Y a esta palabra la llamamos Profecía

El texto celestino como don

Aceptemos, provisoriamente, un hecho: la Profecía Celestina es un mensaje de Dios. Si el texto celestino es un mensaje divino (una canalización, como suele decirse en la actualidad), es entonces un don, que la humanidad recibió y recibe con la finalidad de ser ayudada en su proceso de evolución. Su palabra aporta, por lo tanto, conocimientos que permiten a la humanidad lograr un mayor crecimiento y una mayor conciencia de sí misma como un todo.

Creado el hombre a imagen de Dios y destinado a alcanzar la plenitud de la realización, va cumpliendo un plan que se le va haciendo consciente, paso a paso, por medio de sucesivas revelaciones que le hablan de los misterios de la vida y de su destino como especie; en suma, la razón de su existencia en el universo.

Este proceso de "revelación", hecho siempre de manera gradual y progresiva, es el principal contenido de toda Escritura Sagrada que suele presentarse, hasta cierto punto, de una manera críptica y oscura, en un lenguaje que hace necesaria su interpretación.

El texto celestino como obra de Dios y de los hombres

Esto coloca los mensajes celestinos como una obra escrita bajo inspiración de la fuerza divina. Su autor principal es Dios, aunque al mismo tiempo es también una obra humana, fruto del esfuerzo de los hombres que la plasmaron en palabra. El escritor es como el canal, el órgano por donde la acción y la energía superior se expresan y por lo tanto el texto llevará siempre impresa la particular modalidad personal, el carácter, antecedentes, formación, etc. del sujeto o sujetos que lo redactaron. Y esto le da al texto celestino el carácter de profecía.

El texto celestino como profecía

El término profeta proviene del griego "prophetes", que significa el que posee el don de la profecía. Profeta es aquel que inspirado por la divinidad o convencido de estar poseído por una entidad espiritual superior, habla en nombre de ésta y trasmite su mensaje. Así la figura profética no es, esencialmente, un "vaticinador del futuro", sino un intérprete de la voz de Dios. El "lumen propheticum" que se les adjudica a algunos hombres, consiste en que estos reciben de Dios enseñanzas destinadas a ser trasmitidas a la humanidad. Son pontífices (puentes) entre el cielo y la tierra, y también magister (maestros), ya que en nombre de Dios y por su autoridad enseñan lo que de El aprenden.

En occidente, el perfil de profeta está asociado a los grandes profetas de Israel: Elías, Isaías, Jeremías, Daniel, etc. Sin embargo, la presencia de profetas puede reconocerse en otras culturas y religiones del mundo. En todos los tiempos y en todas las geografías han existido profetas. Su palabra puede ser reconocida por varios rasgos: no habla en nombre propio, sino en el de un ser superior, actúa por iniciativa de Dios, trasmite un mensaje que afecta a toda una comunidad, su ámbito es el aquí y ahora, bien sea como aplicación de lo tradicional o como mensaje radicalmente nuevo; su aparición es espontánea, imprevista, circunstancial; es llamado individualmente por Dios para una misión y, por lo general, al inicio de su tarea se resiste o se siente incapaz de persuadir a la comunidad acerca de su mensaje, pero termina por identificarse plenamente con lo que trasmite.

El objeto de las comunicaciones divinas, que los profetas difunden, abarca todas aquellas cosas que pueden ser conocidas por vía sobrenatural como, por ejemplo, la "providencia". La profecía es, entonces, la firme certidumbre de las cosas que esperamos. En este sentido, *The Celestine Prophecy* es un texto profético, pero de una naturaleza singular. La singularidad consiste en el grado de profecía en la cual está comprendida la Celestine.

Dentro de las revelaciones hay diferentes niveles. Uno de ellos, el que se refiere a las ilustraciones por la cuales el profeta juzga, con una verdad y una certeza que exceden las fuerzas naturales del conocimiento, cosas cuyo entendimiento se adquiere por medios naturales. A este orden pertenecen los escritores sagrados que tratan temas cuyo conocimiento es asequible a la razón, como por ejemplo el sentido de los procesos históricos. Este es el nivel más frecuente de profecía y aquí es en donde debe inscribirse el texto celestino como texto profético.

El texto celestino como texto arquetípico

El concepto de arquetipo, introducido por C.G.Jung como término dentro del campo de lo psíquico, alude al hecho de que los hombres compartimos una serie de experiencias, en el curso de nuestra evolución, que han quedado, por su naturaleza colectiva, incorporadas en la memoria de la humanidad como patrones de comprensión de la realidad. Estos esquemas son pura energía que busca realizarse y lo hace, por ejemplo, por medio de los símbolos.

Expresan un orden de saber que la conciencia del hombre desconoce, pero que existe como verdad en las profundidades de su alma transpersonal.

En otros trabajos sobre la obra de Jung[1] hemos señalado el homeomorfismo que existe entre el orden sacro y el orden arquetípico. Bien podría decirse que todas las formas religiosas son arquetípicas y que, de algún modo, todo arquetipo es una manifestación religiosa. Es en esta dirección que las formas religiosas emergen con el carácter de universal, en tanto expresan estructuras del alma del hombre como especie. Estructuras que devienen como instituciones y como textos cuando el arquetipo construye símbolos.

En este sentido, las Profecías Celestinas son un símbolo vivo, una construcción arquetípica del hombre que expresa anhelos, deseos, memoria y proyectos de la humanidad. Por eso su repercusión y por eso su importancia: es un texto que habla directamente a la oreja arquetípica de la humanidad.

La Novena Revelación como visión

Se suele distinguir entre dos modalidades de pensamiento: el analítico y el intuitivo. Ambas modalidades constituyen procesos del pensar completos, independientes y distintos que se diferencian, no tanto por el tipo de operaciones psíquicas que suponen, sino por la naturaleza de conocimientos a los cuales cada uno se aplica. El primero aspira a la discriminación, la definición, la clasificación; el segundo, a la síntesis.

Opuesto al proceso de la razón, la intuición no alcanza conclusiones siguiendo un camino de explicación causal, sino otros caminos como el conjetural, el analógico o el sincronístico. La intuición es una especie de conocimiento pre-verbal que aprehende la realidad como totalidad. Posee una devoradora ambición de unidad.

Lo propio del pensamiento intuitivo es ser intemporal; quiere capturar el mundo, a la vez como totalidad sincrónica y diacrónica, y el conocimiento que toma se parece al que ofrecen, de un salón, espejos fijados en paredes opuestas y que se reflejan el uno al otro pero sin ser rigurosamente paralelos. Una multitud de "visiones" se forman simultáneamente, ninguna de las cuales es exactamente

---

(1) *Volver a Jung*, Eduardo H. Grecco, Ediciones Continente, Buenos Aires, Argentina, 1995.

igual a las otras, y ninguna de las cuales aporta más que un conocimiento parcial del salón, pero cuyo conjunto se caracteriza por propiedades invariables que expresan una verdad.

Puede decirse que el texto de *La Profecía Celestina* se adapta más a un proceso de progresivo descubrimiento, un darse cuenta o "insight" de visiones especulares, que a una revelación profética. La naturaleza de cada una de las nueve visiones parece adaptarse muy adecuadamente al concepto de conocimiento intuitivo. Sin embargo, la cuestión no es tan sencilla y tal vez las Celestinas respondan a ambos órdenes de hechos. Por su formulación, su contenido parece ubicarse como visiones y su acción como profecía. Las profecías son visiones que cambian la vida y, en este sentido, para muchas personas el leer *La Novena Revelación* ha significado, justamente, un cambio de vida.

Sin embargo, las profecías y las intuiciones pueden ser ilusiones. *"No hay que pedirle a una interpretación que sea verdadera, solo hay que pedirle que sea eficaz."* (Sigmund Freud). Del mismo modo se puede aplicar esto a un discurso como el celestino, y esto es lo que luego da la posición de texto profético.

Capítulo III

El relato de un encuentro

"Lo que es extraordinario en el universo
no es tanto que sea comprensible para el hombre,
sino que pueda ser comprensible."

Albert Einstein

El libro *La Novena Revelación* es un relato sobre el encuentro de una serie de visiones, sobre el encuentro de una serie de personas, sobre el encuentro de una serie de problemas y caminos, en suma, una serie de encuentros.

La intención de este capítulo es presentar la historia de estos encuentros, pero con una perspectiva de éstos que incluya el estudio de un conjunto de conceptos que ayuden a la reflexión y la crítica. Le pedimos al lector que previamente a cada visión relea el capítulo correspondiente del libro de James Redfield.

Dividimos el análisis de cada visión en dos partes. La primera trata la descripción de ésta, el aprendizaje que conlleva, las consecuencias que genera y los obstáculos a ser vencidos para posibilitar que esta experiencia se transforme en crecimiento, evolución y expansión de la conciencia.

En la segunda se desarrollan un conjunto de articuladores teóricos aludidos en el texto o necesarios, para comprender con una adecuada perspectiva, el significado de la visión.

Primera revelación

La masa crítica

I. La Primera Visión: La masa crítica

A. Estructura de la Visión

Claves

Coincidencias de sentido. Sincronicidad. La evolución como proceso sincronístico.

Descripción

La visión comienza con un estado de insatisfacción, desorientación e inquietud. El despertar de un estado de búsqueda, sin saber muy bien qué es lo que se busca. Se experimentan situaciones diferentes, en las cuales se vive la sensación de que su acontecer es por algo, aunque no se pueda entender por qué.

El sujeto se enfrenta ante la ocurrencia de coincidencias, cada vez más repetidas y frecuentes, que comienzan a ser comprendidas como destinadas a él, como si su vida fuera guiada por una fuerza desconocida y transpersonal. Cada experiencia sincronística le da una vivencia de misterio y emoción que lo hace sentir más vivo y más pleno. Se comienza a percibir como si la vida tuviese otro costado, otra escena aún desconocida para el Yo, desde la cual una fuerza lógica guiase los pasos de cada sujeto.

Los hechos sincronísticos son posibles porque existe una matriz sincronística como organizadora en el universo y han sucedido desde siempre. Sin embargo, el hombre recientemente ha abierto su conciencia a su percepción. Cada día crece el número de gente que experimenta conscientemente estas coincidencias significativas, hasta llegar a un punto o "masa crítica" a partir del cual toda la cultura tomará estas coincidencias con el mismo valor con que hoy toma, por ejemplo, la gravedad.

La humanidad se preguntará, entonces, por el proceso responsable que sostiene la vida sobre la tierra. Cuando esta pregunta se la hagan muchas personas al mismo tiempo, esta inflexión de la conciencia permitirá que el resto de las visiones se registren, se comprendan y se apliquen. Consecuentemente, esto provocará un cambio cualitativo en la conciencia planetaria.

Aprendizaje

Volverse conscientes de la evolución como proceso sincronístico.

Pasos del aprendizaje

1) *Ver:* Experiencia de las coincidencias (reconocerlas como tales).
2) *Comprender*: Conciencia sincronística. Darse cuenta de que las coincidencias poseen un sentido y entenderlo.
3) *Concluir*: Participar en la formación de la masa crítica de conciencia sincronística en la cultura.

Consecuencias

Cambio en la cultura planetaria.

Obstáculos a ser vencidos

El dominio de la conciencia causal y materialista en la comprensión de la realidad y de la vida.

B. Estructura conceptual

1. El mundo acausal

W. Pauli, premio Nobel de física, y C.G.Jung agregaron a los tres conceptos básicos de la física de ese tiempo (conservación de la materia, continuo espacio-tiempo y causalidad) un cuarto: la acausalidad.

Para ambos pensadores, el hombre, como el universo, se encuentra sobredeterminado por una doble condición de causalidad y acausalidad.

La sincronicidad es una forma privilegiada de aparición de acausalidad con la cual se designa la existencia de la asociación de hechos en una simultaneidad temporal que no se puede explicar por ninguna relación causa-efecto y que tiene un significado reconocible para la conciencia del observador.

Jung definía la sincronicidad como *"la coincidencia cronológica de dos o más acontecimientos que no están relacionados entre sí por un nexo causal y cuyos contenidos, por lo que respecta a significados, son iguales o similares"* [...] *"fenómenos donde no puede existir una relación causa-efecto, sino una cierta coincidencia temporal, una especie de simultaneidad"*.

En virtud de esta cualidad de simultaneidad es que Jung elige el término de sincronicidad para designar *"un hipotético factor explicativo que se opone con igualdad de derechos a la causalidad"* y que concibe como una *"relatividad del tiempo y el espacio, psíquicamente condicionada"*.

2. Causalidad y sincronicidad

Mientras las relaciones causales se establecen mediante un nexo temporal, en donde la causa siempre antecede al efecto, las relaciones de sincronicidad se producen en una coincidencia temporal, en la cual lo importante es la significación en común que comparten y les da unidad y sentido.

Entonces se podría representar la causalidad como un eje de sucesiones y la sincronicidad como un campo de simultaneidades. Cada uno de los hechos que se asocian en el campo sincronístico posee en sí mismo una causalidad particular e independiente de su ligazón acausal. Poseen una historia independiente, pero su copresencia no es el fruto de una acción explicable causalmente. De este modo, la sincronicidad resulta la asociación en un mismo campo de significaciones de múltiples ejes causales.

Estos dos modos de funcionamiento representan dos formas o leyes de trabajo de todo el universo. Existen, por lo tanto, como una condición previa y general, una matriz causal y una matriz sincronística como la posibilidad de establecimiento de relaciones entre las cosas. Estas matrices tienen un carácter arquetípico, en tanto son esquemas apriori de conocimiento.

Pero además de la matriz existen los hechos causales y sincronísticos. Estos se manifiestan más allá de que el sujeto tenga conciencia de ellos. La gravedad, por ejemplo, existía antes de su descubrimiento.

De modo tal que es necesario distinguir tres niveles de análisis: a) un orden matricial prexistente, b) un orden de fenómenos, y finalmente c) una conciencia causal o sincronística. Esta conciencia es un modo de percepción y lectura de los fenómenos, una manera como son registrados y tratados por el sujeto.

Relaciones / Niveles	Explicativas	De sentido
Universo	Matriz causal	Matriz sincronística
Sucesos	Hechos causales	Hechos sincronísticos
Sujetos	Conciencia causal	Conciencia sincronística

En su libro *Sincronicidad*, Jung cita dos ejemplos sobre los cuales vale la pena volver para comprender acabadamente el sentido de este concepto.

"Una señora joven a la que estaba tratando tuvo, en un momento crítico, un sueño en el que le daban un escarabajo dorado. Mientras me contaba el sueño, me senté de espaldas a la ventana, que estaba cerrada. De pronto oí un ruido detrás de mí, como un ligero golpeteo. Me di la vuelta y vi un insecto que golpeaba contra el cristal por la parte exterior. Abrí la ventana y cogí al animalito en el aire al entrar. Era lo más parecido al escarabajo dorado que se encuentra en nuestras latitudes: un escarabajo escarabeido, la centonia dorada común (Centonia aurata), que, en contra de sus costumbres habituales, había sentido, sin duda, la necesidad de entrar en una habitación oscura en aquel preciso momento. He de admitir que no me había sucedido nada parecido ni antes ni después y que el sueño de la paciente ha permanecido como algo único en mi experiencia.

Me gustaría citar otro caso que es típico de una gama de sucesos. La esposa de uno de mis pacientes, ya cincuentón, me contó una vez que, a la muerte de su madre y de su abuela, se reunió una banda de pájaros por fuera de las ventanas de la cámara mortuoria. Yo había oído ya a otras personas historias similares. Cuando el tratamiento de su marido estaba tocando a su fin, por estar curado de su neurosis, le aparecieron unos síntomas, aparentemente inocuos, que, sin embargo, me parecieron típicos de una enfermedad de corazón. Lo mandé a un especialista que, después de examinarlo, me confirmó por escrito que no encontraba ningún motivo de alarma. Al volver de la consulta, con el informe médico en su bolsillo, mi paciente sufrió un colapso en la calle. Cuando lo llevaban moribundo a casa, su mujer se encontraba ya angustiada porque, poco después de que su marido se fuera al médico, una bandada de pájaros se posó en su casa. Ella, lógicamente, recordó lo que había sucedido a la muerte de sus propios parientes, y temió lo peor."

En estos casos no hay conexión causal que explique las coincidencias. La lógica de la conciencia falla y se debe recurrir a otro principio, el acausal-sincronístico, para poder dar cuenta de la realidad compleja de los hechos. Pero la acausalidad no significa falta de orden, sino un orden diferente.

Esto implica sostener que más allá de la psique donde rigen las conexiones causales, existe una realidad transpersonal ajena a las leyes de la temporoespacialidad. De tal modo que la validez del principio de causalidad que se sostiene sobre las categorías objetivas de tiempo, espacio y causa se derrumba y pierde su aplicación universal.

Ciertos fenómenos energéticos ocurren como si prescindieran del espacio y el tiempo como estructurantes de su realidad y, en cambio, fueran guiados por la ley de la sincronicidad.

En resumen:

* El Principio de Sincronicidad puede verse como una combinatoria de significantes diferentes relacionados por una significación común.

* La Sincronicidad, en tanto organizadora de las impresiones de la vida, va más allá de lo energético y lo causal, y

* La Sincronicidad es un orden de organización de la vida.

3. La fuerza de la Naturaleza y la Psique

Hasta hace poco tiempo las fuerzas reconocidas por la ciencia como operando en la naturaleza eran la causal y la energética.

Basta con recorrer la historia de la Psicología para darse cuenta de que principales modelos que se formularon para dar un interpretación de la conducta y del funcionamiento de la psique se basaron también de alguna manera en una de estas leyes o en la combinación de ambas. De modo que la Psicología fue durante un tiempo reflejando su dependencia de estos modelos explicativos dominantes.

La evolución de la ciencia física permitió el descubrimiento de dos tipos nuevos de fuerzas: la nuclear fuerte (que liga los protones y los neutrones en el interior del núcleo atómico) y la nuclear débil (la responsable de ciertos tipos de desintegraciones radiactivas). Estas dos fuerzas se plantean como necesarias porque, según el principio de vista clásico, todos los objetos hasta las menores partículas elementales actúan como balas sometidas a la acción de una o varias fuerzas fundamentales, principio que funciona y opera adecuadamente en los fenómenos de gran escala, pero falla totalmente, como demostró Einstein, en aquellos acontecimientos de escala atómica. De ahí la necesidad de introducir estos nuevos principios explicativos de fuerzas que operan en la naturaleza.

Si se toma la consideración de Jung de que las mismas fuerzas que operan en la naturaleza están funcionando en el psiquismo, se debería poder introducir en sus planteamientos estas consideraciones acerca de las nuevas fuerzas.

Esto es posible y estas leyes explicativas aclaran el funcionamiento del mecanismo de la Ley de Compensación de lo Psíquico, en una escala que anteriormente no podía efectuarse.

Lo que no parece factible es la aplicación de estos dos nuevos principios de fuerzas a la Ley de Sincronicidad. Jung postula que el principio de Sincronicidad es acausal y aenergético. Que produzca efectos causales y energéticos como repercusión de su acción es otra cuestión; pero su gestión y naturaleza es esa, el ser acausal y aenergético. Entonces, ¿cómo se armonizaría esta concepción de la Ley de Sincronicidad con la relación, tan importante para Jung, existente entre macro y microcosmos?

Parece adecuado recurrir a la existencia de una fuerza, no energía, sino fuerza, que explicaría los procesos que acontecen cuando interviene la Ley de Sincronicidad. Una fuerza absolutamente humana, espiritual, cultural, simbólica; la fuerza del efecto significante del lenguaje.

Los hechos entre sí no tienen otra conexión más que la que le brinda la energía de la fuerza nuclear fuerte, la energía de reunión de las partículas atómicas alrededor de un núcleo. Pero esto aún no es la Sincronicidad como ley que se impone al sujeto, en el sentido de que éste percibe relaciones significativas que se le brindan a sus ojos en simultaneidad. "El factor decisivo radica en una simultaneidad que es experimentada subjetivamente" (C.G.Jung). Pero ¿qué cosa hace en el sujeto, qué cosa le otorga la posibilidad al sujeto, de alcanzar esta experiencia subjetiva? Porque los hechos en sí están a la mano, se encuentran arrojados sobre el tablero del mundo y necesitan de la acción de un algo, de una fuerza que los coloque en esta posición privilegiada de Sincronicidad.

Dicho de otra manera: el principio causal, el principio energético y el principio significante son principios ordenadores de la experiencia. Pero la ley de Sincronicidad sólo puede ser aplicada a la luz de este principio acausal y aenergético que es el principio significante. Un principio según el cual los hechos no se ven como causados sino relacionados en una cadena de conexión de significados.

Todo esto puede ser comprendido en relación a la oportunidad en que tienen lugar los fenómenos sincronísticos.

Jung sostiene que estos fenómenos sometidos a la Ley de Sincronicidad se producen cuando el sujeto se encuentra en una situación arquetípica, en una mayor armonía con los contenidos inconscientes, mayoritariamente dominado por esta fuerza irreductible de las imágenes arcaicas.

Esto significaría, entre otras cosas, que a menor represión mayor posibilidad de emergencia de fenómenos sincronísticos.

Otro factor coadyuvante son las situaciones limites, que predisponen a la captación de hechos en una serie significativa.

¿Qué es una situación límite? No sólo la muerte, la locura, la agonía, el éxtasis, etc. Toda situación que implica un cierto cambio, una cierta reestructuración del psiquismo del sujeto, cambio que puede operar más allá de su conciencia, puede llegar a ser una situación límite. Los límites no se refieren a una situación externa, que también cuenta, sino esencialmente a los bordes por donde el psiquismo construye su vida. Detrás de todo esto lo arquetípico aparece como el verdadero regulador del advenimiento de un fenómeno sincronístico, aquel que traza las líneas de este borde.

4. El accionar transgresivo del arquetipo

Se ha planteado cómo, según Jung, se establece una suerte de necesaria recurrencia entre los fenómenos del Universo. Lo que acontece en la microfísica y en la naturaleza sucede en correspondencia complementaria en el psiquismo y en la cultura.

Pero ambos campos mantienen entre sí una saludable distancia operativa, que no impide a Jung plantear que la energía física y la energía psíquica, aunque diferentes, pueden resultar aspectos de lo mismo; en donde el mundo de la materia sería como una suerte de imagen especular del universo de lo psíquico y el mundo de lo psíquico una imagen del mundo de lo físico. Imagen especular, simétrica, pero invertida.

Bajo esta idea se explica, para Jung, la sincronicidad como la combinación de acontecimientos ordenados de acuerdo con un sentido simbólico. La vinculación o relación entre acontecimientos no está basada en ningún principio de causa-efecto, sino en una aparición en simultaneidad acausal y en una identidad de sentido con relación al sujeto que lo vivencia y sostiene como tal. Y tales acontecimientos se ligan, acaecen sobre todo en situaciones en las que el sujeto está especialmente activado por la acción de un arquetipo en su inconsciente. Según sea el arquetipo, suponemos distintas presentaciones o anudamientos.

En ese momento es cuando el arquetipo constituido, engendrado como una realidad representada en términos de significantes, aparece con fuerza numinosa en la psique, bajo la vivencia de la sorpresa, de lo desconocido conocido que asombra. Pero también como fuera de la psique, retornando desde el mundo exterior como sincronicidad. Retornando porque se trata de algo que ya estaba funcionando como excluido para el sujeto y que éste recupera simbólicamente en el encuentro sincronístico.

Esta situación revelaría, como explica Jung en su texto *Interpretación de la Naturaleza y la Psique*, el accionar transgresivo del arquetipo.

A partir de la crítica al principio de causalidad, como principio de validez absoluta, y la inclusión del principio de ordenamiento acausal, se remarca el concepto de ordenamiento, dado que el principio acausal no significa desorden, sino un orden diferente, regido por la ley del significante. Ley que establece como función simbólica la de significar; donde significar es atribuir un sentido, recortar una significación, pero donde nunca implica la captura del significado, dada la posibilidad polisémica del lenguaje y la dotación imaginaria del sentido. Este ordenamiento acausal de la psique revela el accionar de las estructuras arquetípicas del inconsciente colectivo que como moldes gramaticales arman las frases sincronísticas.

Los casos de sincronicidad son encadenamientos causalmente no explicables; que no aparecen regularmente en la conciencia subjetiva de la persona, pero que como tales existen en el universo. De ahí que Jung los denominara fenómenos marginales de la ordenación acausal, en donde la sincronicidad constituiría sólo un caso especial de la ordenación acausal general del universo.

Todo esto implica sostener que los fenómenos de la naturaleza y del psiquismo se encuentran ordenados por un cierto tipo de relaciones previas que pueden ser causales, energéticas o de sentido. Esta formulación arroja el planteo de Jung a una posición inmanentista en la concepción de la naturaleza y lo psíquico. Pero a la manera de Husserl, se trata de una inmanencia trascendental, en tanto estos ordenamientos sincronísticos son actos creadores, una creación continua en el tiempo que lleva al hombre más allá de sus bordes.

Lo más esencial en el acontecer sincronístico es el aspecto numinoso de la experiencia; el hecho de que en ella desaparece la dualidad psicofísica. Esto significa la existencia de un borramiento de los límites habituales, un punto en el cual el sujeto penetra en relación plena con el todo; unidad que se pierde ni bien adquirida.

Se trata, por lo tanto, de un afloramiento de lo arquetípico. En este sentido, de una transgresión del arquetipo a la ley fundamental que lo condena a su imposibilidad de realización.

5. La evolución como proceso sincronístico

Lo dicho anteriormente sobre la sincronicidad, la causalidad y los arquetipos contituye un tema de reflexión bastante importante para comprender *La Profecía Celestina*. Sin embargo, tal vez la enseñanza más significativa de la primera "visión" es el hecho de presentar la evolución como un proceso sincronístico.

La ciencia viene reconociendo desde hace décadas que el orden causal es insuficente para explicar la evolución y que se necesita de otro orden que permita dar cuenta de los sucesos aleatorios, las mutaciones que están en la base del proceso evolutivo.

"Las mutaciones tienen lugar en el espacio y en el tiempo, pero sus apariciones son fortuitas y, por lo tanto, acausales. Su particularidad dominante es que las mutaciones tienen sentido en cuanto a evolución. Permiten que se desarrolle la evolución y ocasionan un desarrollo que va hacia arriba. Detrás de las mutaciones hay pues, a mi juicio, un principio acausal significativo: la sincronicidad" (Hansueli F.Etter). Como dice Jorge Luis Borges: "Todo encuentro casual, una cita".

En esta misma línea de pensamiento, C.Jung, W. Pauli, Jacques Monod, Teilhard de Chardin... apuntan sus desarrollos a sostener que de algún modo existe en la evolución un tanteo progresivo en donde la acausalidad juega un rol significativo.

Del mismo modo que en la naturaleza, en la conciencia y en la cultura. La formación de la "masa crítica" responsable del próximo salto evolutivo es un fenómeno producto de la acción sincronística. Esta comprensión es la columna vertebral de la "primera revelación".

Segunda revelación

Un aún más permanente

II. La Segunda Visión: Un aún más permanente

A. Estructura de la Visión

Claves

Perspectiva histórica. Evolución del pensamiento. Nueva cosmovisión. Rupturas epistemológicas.

Descripción

Aceptada las relaciones sincronísticas como hechos plenos de sentido y responsables de nuestra evolución, el paso siguiente consiste en poder poner la percepción de esta modalidad de anudamiento de sucesos, en la perspectiva de su dimensión histórica. La historia tiene, entonces, el propósito de proporcionar un contexto más amplio a la puntualidad de la vida individual y colocar la conciencia actual como producto de un devenir evolutivo, pero más esencial aún es que la historia debe enseñarnos a ver qué pensaba y sentía la gente.

El final de la década está marcando también el final del milenio, el cierre de un ciclo y el inicio de algo nuevo. Es sumamente importante, entonces, comprender lo sucedido en el ciclo pasado para entender el significado del próximo.

La conciencia sincronística nos preparó para alcanzar la posibilidad de realizar la conciencia histórica. Esto implica el haber sido capaces de visualizar los tiempos históricos vividos como totalidad. Condición indispensable para esta captación es el revivir mentalmente lo vivido, seguir sus vicisitudes e identificar los procesos subyacentes responsables de la gestación del producto final: el hoy.

Aprendizaje

Aprender a extender nuestra conciencia del tiempo histórico. Ser partícipes de una observación activa de la cultura, no ya tomando como parámetro la duración de nuestra vida, sino todo un milenio. Y así como generamos una conciencia diferente para leer y comprender el pasado de una manera distinta, esto se traslada también hacia el futuro: nos despegamos del mañana inmediato, aprendemos a pensar en proyecto.

Pasos del aprendizaje

1) *Ver*: que la historia trata de lo que piensa y siente la gente.

2) *Comprender:* darse cuenta de que la conciencia actual de la gente sólo puede entenderse si la colocamos en una perspectiva histórica.

3) *Concluir:* participar en la elaboración de las respuestas a las preguntas: ¿Qué hay detrás de la vida en el planeta? ¿Por qué estamos aquí?

Consecuencias

Al darse cuenta de que solo puede explicarse lo actual si lo contextuamos históricamente, el hombre recupera la visión evolutiva de su existencia.

Obstáculos a ser vencidos

El escepticismo, el cientificismo, el dogmatismo (de la fe o de la razón) y el actualismo (falta de visión histórica de la vida).

B. Estructura conceptual

1. ¿Qué es la historia?

La historia que nos enseñaron se parece más al registro de acontecimientos que al intento de trasmitir los procesos de evolución del pensamiento de la humanidad. Y de hecho los libros de historia tratan más sobre imperios, guerras, conquistas y poder que sobre la emergencia de ideas en el curso del tiempo. Al mismo tiempo la historia muchas veces parece separar, como Descartes, al hombre de la sociedad o como Sartre, a una sociedad del resto de las sociedades.

Si queremos replantear la perspectiva histórica como una herramienta eficaz para la evolución de la conciencia de la humanidad, deberíamos plantear en primer lugar que: "El hombre no sería capaz de verse a sí mismo de manera completa fuera de la Humanidad, ni la Humanidad fuera de la Vida, ni la Vida fuera del Universo" (P. Teilhard de Chardin). Esto significa que la perspectiva histórica no sólo debe incluir o partir desde lo que podemos dar cuenta como cultura, sino tomar la historia en el marco del fenómeno humano, es decir en el contexto de la evolución de la previda a la conciencia.

En segundo lugar, nos parece importante hacer carne que la historia no sólo debe ser memoria sino lecciones. ¿De qué sirve a la humanidad conocer al detalle la historia de las guerras si no aprende a evitar la destrucción de los seres humanos entre sí? ¿De qué sirve a la humanidad el conocer la historia de los sistemas de producción si no puede resolver los problemas del hambre en el planeta?

Finalmente, la mirada histórica debe servir al hombre para tomar conciencia de que su destino como humanidad depende en gran medida de ser capaz de transformar lo que aprendemos en un acto creador. En generar una nueva historia de nuestra historia con ella. De este modo la conciencia sincronística, que la primera revelación despertó, de una sincrónica de la realidad, se transforma en conciencia diacrónica, histórica.

2. La historia del pensamiento

Se ha dicho que la historia debería ser la narración de la evolución de la ideas en el curso del tiempo y no de las tecnologías o los imperios. Esto implica, entonces, pensar acerca de cómo se fue constituyendo el pensamiento como proceso dialéctico, cómo el hombre fue descubriendo y creando el conocimiento, los obstáculos que tuvo que superar, las rupturas que tuvo que producir en la cultura para parir cada una de estas ideas.

Pero estos procesos ocurren dentro del sujeto y de la humanidad como sujeto del proceso evolutivo. No es algo exterior y ajeno a su vida. Por el contrario, la historia de las ideas no hace otra cosa que reflejar la historia interior del hombre en la construcción de la realidad.

El concepto de realidad se opone a lo real tanto como el conocimiento se opone al saber. La realidad es aquello que aprehendemos, por medio del conocimiento, en términos de representaciones conscientes. Lo representado por esa realidad es lo real, no capturable por medio de la percepción o la conciencia. En tanto incapturable, el hombre sólo se acerca a lo real por medio de modelos por los cuales describe y explica aquello a lo cual no tiene otro acceso que el que le posibilita su imaginación creadora. Por lo tanto, lo conocido no es lo real, el conocimiento no es saber.

El hombre siente en lo más profundo de su ser que mientras no haya explicado el secreto del universo no tiene derecho a estar tranquilo y satisfecho. Se encuentra dominado por un afán, que lo impulsa hacia la búsqueda de la verdad. Y siendo la verdad sólo posible en lo real es algo que siempre vive escapando de ser capturada. Y es esto lo que mantiene la búsqueda del hombre en vilo: la imposibilidad estructural de alcanzar la verdad.

El hombre posee un número limitado de sentidos y aunque expanda sus sentidos con máquinas, estas máquinas tendrán siempre un límite. De modo tal que no podemos penetrar en la más íntima esencia de las cosas. Esta esencia es lo real y la realidad es sólo lo que la conciencia del hombre puede percibir de lo real. Esto equivale a decir que el hombre jamás puede llegar a tener una visión absoluta de las cosas, sino relativa.

Sin embargo, el hombre intenta, desde los albores de la humanidad, descubrir medios que le permitan describir ese orden real al cual no se tiene acceso directo. La historia de las ideas trata, entonces, de los tanteos de la humanidad en busca de encontrar esos medios que le permitan conocer "lo desconocido".

Estos tanteos progresivos se fueron dando en pares antitéticos, que luego se integran en una totalidad más abarcadora: materia vs. espíritu; continuo vs. discontinuo; ondulatorio vs. corpuscular; relatividad general vs. teoría cuántica... y así hasta el fin de los tiempos.

Lo importante es que la historia nos coloca ante la captación, la comprensión de que el universo es una unidad estructural, de modo que la conciencia histórica nos arroja en la necesidad de la conciencia cósmica. Unidad del universo como sistema inacabado pero completo que permite ver en cada uno de sus puntos la totalidad y también la presencia de una fuerza estructurante que ha "escogido para nosotros y con nosotros lo que constituye nuestro pasado, nuestro presente y nuestro porvenir" (J. Charon).

3. La cosmovisión

El término cosmovisión posee en su original alemán una propiedad difícilmente traducible a otro idioma. Significa, en cierto sentido, una actitud del hombre frente al mundo, fruto de una manera de concebirlo y de concebirse dentro de él.

Sin duda, visión de un "ahora más permanente..." que provoca la formación de una perspectiva histórica como conciencia de lectura de la realidad, genera también el nacimiento de un modo de percibir el universo de acuerdo con un paradigma distinto y nuevo.

Este paradigma implica un ordenamiento de las cosas, de acuerdo con un mapa psíquico previo, que organiza la experiencia según esquemas vivos dentro de cada persona. Lo interesante de esta segunda visión es que el hombre no sólo amplía su "ver" personal sino que se modifica el "ver" de la comunidad, la cosmovisión colectiva.

"Veía claramente el milenio, como si fuera parte de mi propia historia de vida. Hace mil años habíamos vivido...[...] El problema fue que nuestro impulso obsesivamente concentrado en conquistar la naturaleza y vivir más cómodos contaminó los sistemas naturales del planeta y los dejó al borde del colapso. No podíamos seguir así." (James Redfield).

Puede verse en este párrafo, justamente, cómo a partir de una experiencia individual se pasa a una percepción grupal que llevará hacia una nueva manera de concebir la realidad: "La segunda revelación realmente hacía parecer inevitable nuestra nueva conciencia. Estábamos llegando al clímax en nuestro propósito cultural. Estábamos cumpliendo lo que habíamos decido hacer de manera colectiva, y mientras esto ocurría nuestra preocupación se desvanecía y despertábamos a otra cosa. Casi podía ver cómo disminuía el ímpetu de la Edad Moderna a medida que nos acercábamos al milenio. Había terminado una obsesión de cuatrocientos años. Habíamos creado los medios de seguridad material, y ahora parecíamos estar listos- serenos, en realidad- para averiguar por qué lo habíamos hecho... ¿Cuántos habían detectado ya las coincidencias?". (James Redfield)

Sin embargo, esta cuestión merece ser replanteada, ya que de algún modo todo este siglo ha sido de reflexión acerca de la "muerte del sujeto" como agente tanto de la historia como de su conducta. Tanto desde las relaciones de producción, como desde lo inconsciente, como desde el lenguaje, como desde la estructura, etc., el hombre aparece más como causado, sobredeterminado, que como arquitecto de su destino.

La cosmovisión de Redfield, justamente, se enfoca en el individuo como centro, capaz con sus cambios de modificar la estructura. Nos parece que esta ideología intenta restañar una herida narcisista del Yo y la conciencia del hombre, que se niega a aceptar no sólo que no es el rey de la creación sino que la creación lo crea y determina. El hombre no hace la historia, sólo la escribe.

4. El arquetipo del milenio

Otro tema importante de esta revelación es la experiencia colectiva que Jung denominó *el arquetipo del milenio* o *de los tres ceros* que, en este caso particular, también se puede relacionar con el arquetipo de muerte y resurrección y el de los ciclos.

El Arquetipo del Milenio representa la transformación del hombre y de la humanidad por medio de un holocausto, que es atribuido, como suceso necesario, a la finalización de cada milenio. Un ejemplo de acontecimiento milenarista es el símbolo del Diluvio Universal.

Existen tres mitos bastante análogos en relación al Diluvio narrado en el Génesis.

El primero es de origen akkadio y se encuentra en el canto que relata la epopeya de Gilgamesh, también difundido entre los sumerios, por los hurritas y los hititas. En este mito Ea, Dios de la sabiduría, advierte a Utnapishtim que los otros dioses, guiados por Enlil, han decidido un diluvio universal y que él debe construir un arca. La destrucción del mundo se debe a que los hombres han olvidado los ritos de año nuevo. Utnapishtim construye un arca de seis cubiertas en la forma de un cubo exacto, con lado de ciento veinte codos, y emplea betún para calafatearla. El arca es construida en siete días. Cuando comienza la lluvia se introduce en el arca junto con su familia, ayudantes y obreros, numerosos animales y tesoros.

Durante todo un día sopla el viento sur, sumergiendo montañas y barriendo la humanidad. "Los dioses huyen aterrados al cielo donde se agazapan como perros. Utnapishtim abre la escotilla y mira hacia su alrededor. Ve una inundación, llana como una azotea, limitada por catorce cimas de montañas lejanas. Toda la humanidad se ha ahogado y vuelto a la arcilla. El arca es llevada por la corriente al monte Nisir, donde Utnapishtim espera siete días. Luego envía afuera la paloma, que al no encontrar dónde posarse, vuelve al arca. Después un cuervo, el que encuentra carroña para comer y no vuelve, porque las aguas han bajado.

Utnapishtim deja que salgan del arca todas las personas y animales, derrama una séptuple libación de vino en la cima de la montaña y quema maderas aromáticas: caña, cedro y mirto." (Robert Graves).

El segundo es un mito griego que cuenta que Zeus, indignado por los actos de antropofagia de los pelasgos, desencadena un diluvio en la tierra con el propósito de que la humanidad perezca. Deucalion, avisado por su padre, el titán Prometeo, construye un arca. Luego sopla el viento sur y comienza a llover y, con detalles más o menos similares, se reproduce la historia anterior.

El tercer mito proviene de la antigua India y tiene como personaje central a Manu. Los detalles, con la diversidad cultural lógica, mantienen la misma estructura que los mitos precedentes.

El arquetipo del milenio moviliza por una parte las fuerzas de renovación y, por otra, la necesidad de cambio inherente a la energía evolutiva de la especie. Tanto a nivel individual como colectivo, rescata lo más positivo, generando una actitud de desprendimiento de todo aquello que es negativo para la evolución. Y si bien, en este caso del diluvio, el agua implica la destrucción, también señala la aparición del hombre nuevo, su "re-nacimiento", como si se tratara, a escala universal, de un bautismo purificador.

Esto pone en conexión esta experiencia de la conciencia colectiva característica de cada fin de milenio con otro Arquetipo: Muerte y Resurrección.

La muerte del hombre viejo, para dar lugar al nacimiento del nuevo, puede apreciarse en la estructura y los contenidos de los ritos iniciáticos, en los cuales se simula la muerte del candidato antes de su renacimiento, presentes en todas las culturas y en todas las épocas.

Uno de los símbolos de mayor fuerza de este arquetipo es la imagen del Ave Fénix. El fénix es un ave originaria de Etiopía, cuya leyenda está relacionada en Egipto con el culto al Sol y como tal se vincula especialmente al arquetipo de muerte y resurrección.

Cuando el fénix siente próxima su muerte acumula plantas aromáticas y fabrica con ellas un nido. Al llegar a este momento, prende fuego a esta pira y de las cenizas resurge un nuevo fénix o se acuesta en el nido así formado y muere, impregnándolo con su semen. Nace así el nuevo Fénix y recogiendo el cadáver de su padre, lo encierra en un tronco de mirra hueco, que transporta luego hacia la ciudad de Heliópolis (en Egipto) y lo deposita en el un altar dedicado al Dios Sol, donde los sacerdotes cuidarán de incinerarlo. Su hijo, al terminar la ceremonia, retorna a Etiopía, donde vive alimentándose de gotas de incienso hasta el final de su existencia.

La presencia del incienso de modo tan constante hace recordar los ritos de Adonis quemado con incienso, precisamente, los ciclos vegetales y, como señala Sir James Frazer, nada hay "que sugiera con tanta fuerza la idea de muerte y renovación como la desaparición y reaparición de la vegetación en otoño y primavera".

De este modo el arquetipo de muerte y resurrección despliega dentro del psiquismo del sujeto la fuerza de la renovación, pero también la repetición de los ciclos.

En la Segunda Revelación la idea de "ciclo" está presente de un modo muy significativo. El arquetipo de los ciclos, justamente, habla que en la naturaleza y en la cultura, en el universo y el planeta, en la sociedad y en el sujeto, en la vida como en la muerte, todo se reitera cíclicamente, siguiendo un patrón rítmico. La repetición tiene el efecto de aludir a una inmortalidad dinámica, a un renacer constante, a la seguridad de que todo volverá a suceder de acuerdo con un orden preexistente.

Cuando este arquetipo está activado, dentro de la persona o de la cultura, de un modo negativo, el sujeto o la comunidad se encuentran apegados a lo que fue, dominados por la nostalgia del pasado, que es vivido como un espacio ideal perdido. Se convierte, así, en un obstáculo para el cambio.

La virtud que desarrolla su accionar es la conciencia de estar gobernados por un orden de pulsación rítmica del universo, y la comprensión de que la armonía personal y de la especie consiste en sintonizarse con esa pulsación, no en combatirla.

Tercera revelación

El universo como energía

III. La Tercera Visión: El universo como energía

A. Estructura de la Visión

Claves

Energía. Sistema.

Descripción

La energía es la estructura del universo. Todas las cosas son energía y se hallan ligadas entre sí en una vasta red unificadora. Esta revelación apunta a enfocar la conciencia del hombre hacia el hecho de que el mundo físico puede ser percibido como un gran campo de energía ya que, al visualizar el universo de este modo, se genera una nueva comprensión de la realidad.

Durante muchos siglos la ciencia, con una actitud escéptica, había negado todo aquello que no fuese perceptible y mensurable. Había aplicado al conocimiento un "epistemología del instrumento".

Un instrumento es lo que prolonga las funciones de los sentidos, por ejemplo, un telescopio, etc. En cambio, una máquina es algo que hace lo que el ser humano no puede hacer con sus sentidos. Así un fósforo con toda su simplicidad, es una máquina, un microscopio un instrumento.

Dominado el pensamiento por la pasión positivista del instrumento, rechazaba sistemáticamente lo no visible, así como otras fuentes de información como la intuición o la revelación. De alguna manera esto suponía pensar el universo como conformado (únicamente) por materia continua susceptible de medición.

Sin embargo, en el camino de la exudación de la materia, la ciencia se encuentra con el átomo que, por definición, no sólo no es visible sino que es imposible de ser percibido por más sofisticado microscopio electrónico que utilicemos. Sólo puede ser conocido por sus efectos. Así como el átomo, el inconsciente, la vida, etc. Esto genera una crisis de identidad de la ciencia, un resquebrajamiento de sus supuestos ante el enfrentamiento de lo discontinuo y no visible.

La teoría de Newton, según la cual todo el universo actuaba de una manera predecible, recibió una transformación con el descubrimiento de Einstein de que todo lo que percibimos como materia sólida en realidad son enormes espacios vacíos con un patrón de energía que los estructura. Por su parte, la física cuántica muestra que cuando se separan pequeñas partes de esta energía, para observar su comportamiento (partículas elementales), el acto de observarlas cambia los resultados de la observación. Algo así como si la expectativa cambiara los resultados o, como dice Paul Davis "existiera una comunicación telepática entre el observador y la partícula".

Estos dos hechos permiten concebir que la sustancia base del universo es una energía sobre la cual actúa la intencionalidad del hombre. A su vez, la energía del hombre fluye hacia al universo, afectando otros sistemas energéticos y es afectada, a su vez, por otros sistemas.

La percepción humana de esta energía comienza con una sensación de mayor aprecio hacia la belleza: el descubrimiento de la dimensión estética. El campo energético es la extensión de la belleza particular de cada ser.

Aprendizaje

Percibir la naturaleza y la vida como campos energéticos.

Pasos del aprendizaje

1) *Ver*: desarrollo del sentido estético de la realidad.

2) *Comprender:* los mecanismos para desarrollar la capacidad de influir energéticamente sobre la realidad.

3) *Concluir:* formación del sentido de pertenencia a la red energética del universo. Ser uno con el todo.

Consecuencias

Mejor funcionamiento de los sistemas vitales y psíquicos, desarrollo de la intuición y la percepción y de la capacidad de influir sobre las circunstancias.

Obstáculos a ser vencidos

Emociones violentas que no nos permitan ver los campos de energía.

B. Estructura conceptual

1. Energía

Einstein solía decir que nada más usual y al mismo tiempo resbaladizo que el concepto de energía. Tradicionalmente se suele definir la energía como la capacidad que poseen los cuerpos para realizar un trabajo. Esta propiedad se manifiesta de muy diversos modos que pueden transformarse e interrelacionarse.

Hasta los trabajos de Einstein se pensaba que la energía no se creaba ni se destruía, sólo se transformaba. Isacc Newton, hacia finales del siglo XVII, sentó los fundamentos de un nuevo concepto de la física e ideó la noción de fuerza como una magnitud que generaba los movimientos de los cuerpos. Sin embargo, luego de su muerte, sus discípulos sustituyeron este concepto por el de energía como causa inicial de los fenómenos físicos. Desde esta lectura, los intercambios de energía entre los diversos sistemas de la naturaleza son los causantes de estos hechos. Estos intercambios, además, son convertibles entre sí.

Un modelo ideal de energía es el que no sufre pérdidas y, por lo tanto, se convierte en una especie de móvil perpetuo. Pero la realidad es que tales sistemas no existen y las pérdidas de energía se traducen en calor. De esto surge el comentario de que el calor es la forma más degradada de energía y no es recuperable para el sistema.

En el siglo XX nace una nueva perspectiva que obliga a cambiar radicalmente el concepto de energía y de las relaciones de intercambio entre los cuerpos. Einstein introduce el concepto de relatividad y observa la energía y la masa como diversas manifestaciones de una propiedad única, con lo que queda alterado el tradicional principio de conservación de la materia. Así, la energía puede pasar a otros estados e, incluso, convertirse en masa, y lo inverso también es cierto.

Existen muchas formas en las cuales la energía puede aparecer: cinética, térmica, atómica, eléctrica, hidráulica, solar, ... etc. Sin embargo, las configuraciones energéticas particulares no deben oscurecer el hecho de que la estructura del universo es energía y la energía es estructura.

2. Los campos energéticos

De algún modo Faraday es el responsable, en la física, de la existencia de la idea de campos energéticos. Las misteriosas fuerzas que, para Faraday, actuaban a distancia entre los cuerpos la ciencia moderna las explica con el concepto de "campo de fuerzas o de energía", que dan cuenta de las interacciones magnéticas, eléctricas o gravitatorias. Hoy día se considera que las fuerzas entre objetos separados por espacios vacíos es el resultado de interacciones entre campos, y esto, de algún modo lleva a concebir el universo como un gran campo energético.

El concepto de campo se utiliza para designar una porción del espacio en el cual se desarrolla cualquier tipo de fenómeno a distancia. Uno de los ejemplos clásicos en el dominio de lo físico es el campo magnético, que determina por convención el establecimiento de dos polos (norte y sur) en dicho campo, en función de los puntos de entrada y salida de las líneas de fuerza.

Con el paso del tiempo el concepto de campo se extendió a todo el ámbito de la ciencia y se comenzó a considerar a todo lo vivo como portador de un "campo energético" que al mismo tiempo funcionaba como una especie de estructura identificatoria particular.

Algunas de las consecuencias que el concepto del campo ha traído, en relación a la vida y al hombre, son las siguientes:

a) *La conducta*: todo campo tiende a mantener o a recuperar su estado de equilibrio; la pérdida de equilibrio crea una tensión. Así la conducta de todo ser es emergente del campo total que tiende a resolver la tensión mediante el reencuentro del equilibrio perdido. Pero la tensión no es la causa de la conducta, porque ella no existe independientemente del campo total, sino como uno de sus fenómenos, que deriva de la particular estructura que tiene el campo en un momento dado.

b) *La no linealidad*: el punto anterior nos lleva a comprender que no existe a nivel profundo la relación causa-efecto. Lo que sí existe es una totalidad permanente de trama de relaciones interdependientes.

c) *La dinámica*: todos los miembros de un campo están en permanente movimiento. El hombre no encuentra su equilibrio en la estabilidad sino en la evolución y el cambio.

d) *La ciclicidad*: este cambio no es vertical, la evolución no es un crecimiento mecánico. La muerte pertenece a la vida y en cierto sentido la muerte es una invención de la vida. Lo cíclico propicia la continuidad de la vida y la vida es un campo que incluye al individuo.

e) *La estructura*: cada campo se compone a su vez de sub-campos, que a su vez son parte de un campo mayor. El hombre está incluido en la humanidad, la humanidad en el reino animal, éste en la vida... Lo importante es que todo el campo está gobernado por las mismas leyes de conjunto en todos sus niveles.

f) *La autonomía*: cada campo es autónomo en sí mismo pero al mismo tiempo interdependiente. Esto implica identidad propia pero apertura hacia un proceso de integración y solidaridad con el ambiente.

g) *La autorregulación*: cada campo tiene la propiedad de estructurarse a sí mismo a medida que funciona.

h) *La expansión*: los campos se van expandiendo en consonancia con la expansión del universo.

3. La evolución y los campos de energía

La incorporación del concepto de campo replantea el proceso de evolución en tanto éste deja de ser resultado de estructuras locales para convertirse en un problema de "interacciones distales". "Así como el biólogo mecanicista describe la aparición, en el transcurso del tiempo, de estructuras nuevas capaces de "hacer" más, el físico presencia la aparición, en el transcuso de la duración, de centros hacia los que convergen los campos (relaciones entre puntos) cada vez más intensos. Estos centros no "hacen" más, sino que "son" más, en el sentido de que están más "unidos" al resto del cosmos. Para unirse al conjunto del universo, la materia dispone de los conocidos campos gravitatorios, electromagnéticos y nucleares. Lo vivo añade a sus campos (que no desaparecen, ya que lo vivo está fabricado con materia) nuevos nexos mediante una especie de "memoria" del pasado (a la vez individual y colectiva de la especie). Si tuviéramos que dar nombre a ese campo especial de lo vivo podríamos denominarlo campo mnemónico. No obstante, la memoria de lo vivo no humano sigue siendo indiferenciada, en el sentido de que no puede articular cada elemento de que se acuerda en un conjunto lógico. Será el hombre el que permitirá una nueva etapa de la evolución, etapa que entraña el conocimiento y, por lo tanto, nexos muy intensos entre el hombre y el cosmos. Podríamos denominar campo psíquico a esta unión, por medio del conocimiento, del hombre con el universo. Una vez más este nexo se añade con lo vivo". (Jacques Charon)

Este "nexo" también puede llamarse, con propiedad, "sincronicidad". Volviendo a algo que ya habíamos comentado en la primera visión, vale la pena recordar que la sincronicidad opera sobre la base de un campo de simultaneidades. La energía de este campo es la que sostiene la aparición, brusca por cierto, de los umbrales de evolución. Esto es lo mismo que postular que la evolución es fruto de un proceso sincronístico, un proceso de "relaciones de campo".

4. Comentario final

Quisiéramos comentar, a modo de cierre de esta visión, que se puede pensar que la ciencia describe las leyes que rigen el comportamiento de la materia y que el arte intenta penetrar profundamente en el corazón de la naturaleza, e incluir lo psíquico como parte integral de ella. El artista ambiciona una comunión directa con el sujeto que observa, para descubrir el interior de las cosas, y como aspira a acceder a la intimad de las cosas se expresa en un lenguaje intuitivo, totalizante y arquetípico. En cierta manera el conocimiento artístico es un acto de amor y tal vez por esto sea que la percepción de lo bello sea la puerta de la percepción de la energía.

Lo que es percepción de los campos de energía en la naturaleza y la vida (tercera revelación), es conciencia sincronística en la captación de las relaciones simbólicas de los hechos (primera revelación). Se trata de un mismo proceso aplicado a diferentes segmentos de la totalidad.

Cuarta revelación

Las relaciones de poder

IV. La Cuarta Visión: Las relaciones de poder

A. Estructura de la Visión

Claves

Conflicto como desbalance energético. Dominación y sometimiento. Manipulación. Libertad.

Descripción

El ser humano debe comprender que el universo está formado de una sola energía dinámica. El hecho de que la humanidad haya estado desconectada de la fuente mayor de esta energía la ha conducido a un estado de debilidad, vulnerabilidad, miedo, inseguridad y carencia.

Al enfrentar esta carencia el hombre trata de incrementar su energía personal quitándosela a los demás. Esta competitividad inconsciente es la razón última de todos los conflictos entre los seres humanos.

Por esta razón el sujeto se coloca en una posición "manipuladora", para prevalecer en el diálogo. Cada persona busca la manera de controlar al otro y al lograrlo el sujeto se siente mejor, su Yo se expande y consolida, pero a costa de la energía de la otra persona. De este modo la mayoría de la gente pasa su vida "robando" la energía de sus semejantes.

Muchas personas justifican su afán de poderío y control por razones tales como la sed de justicia, o por estar haciendo el bien a alguien que no puede conseguirlo por sí mismo (como los padres con sus hijos). Lo cierto es que esta interferencia, aunque amparada en motivos justificables para la conciencia del sujeto, no deja por eso de hacer daño en el controlado y dominado, que manifiesta signos de confusión, sometimiento y ausencia de energía mental.

El ser humano, durante mucho tiempo, ha estado compitiendo con otros por la energía a la que la humanidad ha estado abierta hasta el momento: la energía de la gente. Esta es la causa real de todos los conflictos de la humanidad en todos sus niveles, desde los familiares hasta la guerra entre las naciones. Cuando los seres humanos comprendan esta lucha, comenzarán inmediatamente a trascender este conflicto. El hombre dejará de competir por la propiedad de la energía humana y esto le abrirá la posibilidad de recibir energía de otras fuentes.

Aprendizaje

Aprender a no interferir en la vida de los otros ni dejar que los otros interfieran en la propia. Aprender a sostener relaciones de solidaridad con el menor grado de competitividad posible.

Pasos del aprendizaje

1) *Ver*: que intentamos cubrir nuestras carencias a costa de la energía de los otros.

2) *Comprender*: que los mecanismos que desplegamos para cumplir este fin son el control y la manipulación

3) *Concluir*: dejar de competir por la energía humana y abrirse a otras fuentes energéticas del universo.

Consecuencias

Desarrollo de una red de mayor solidaridad y ayuda entre los seres humanos. Disminución de los conflictos entre naciones, razas, familias, etc.

Obstáculos

Miedos, autoritarismo, sometimiento. Búsqueda de salvadores.

B. Estructura conceptual

1. La defensa de la libertad

En el centro de esta revelación está latiendo la cuestión de la libertad. Dejar que nos saquen la energía es someternos y robarla es dominar. En ambos casos, como amos o esclavos, estamos encadenando la libertad. La cuestión consiste en defender nuestra libertad interior, nuestra energía, sin caer en el aislamiento y el egoísmo.

El Dr. Edward Bach, creador de la Terapia Floral, dedicó muchas páginas de sus escritos a este tema, que creía capital en las relaciones humanas y el proceso de evolución, hasta tal punto que su criterio de salud y enfermedad estaba ligado al grado de dependencia o independencia de cada sujeto. Al respecto dice:

> "...debemos desarrollar la individualidad y liberarnos de todas las influencias del mundo, para que, obedeciendo únicamente los dictados de nuestra alma, y sin dejarnos conmover por las circunstancias o por otras personas, nos convirtamos en nuestros propios amos, gobernando el timón de nuestro barco por los encrespados mares de la vida, sin abandonar por ello la rectitud y sin dejar el timón en manos ajenas. Tenemos que conquistar nuestra libertad absoluta y completamente, de forma que cuando hagamos, todas y cada una de nuestras acciones- incluso todos y cada uno de nuestros pensamientos- tengan su origen en nosotros mismos, permitiéndonos vivir y darnos libremente por decisión nuestra, y solo nuestra.[...] Al mismo tiempo tenemos que estar en guardia para permitir que cada uno ejerza su libertad, sin esperar nada de los demás, sino, al contrario, estando siempre dispuestos a tender una mano para ayudarlos en los momentos de necesidad y de dificultad. Así, toda personalidad con la que nos encontremos en esta vida, ya sea madre, marido, hijo, desconocido o amigo, se convierte en compañero de viaje, y cualquiera de ellos puede ser más grande o más pequeño que nosotros en cuanto desarrollo espiritual; pero todos somos miembros de una gran comunidad embarcados en el mismo viaje y con la misma meta gloriosa al final."

La libertad no es, entonces, una entelequia, ni un principio abstracto, sino una forma de vida en la cual el objetivo es no manipular.

2. La manipulación

Si queremos fundar una sociedad nueva, una sociedad mejor, es necesario que tomemos conciencia de los procesos inconscientes y conscientes de la manipulación que se ejerce sobre nosotros y que nosotros también ejercemos sobre los otros. Solo cuando una "masa crítica" de la sociedad haga carne de que la libertad es un bien que se conquista día a día, fundamentalmente, en el interior de la conciencia, es que se abrirán las puertas a una nueva forma de comunidad solidaria.

2.1 ¿Qué significa manipular?

El concepto de manipulación se vincula con el manejar. En este sentido cabe acotar que solo se "manejan" los objetos, de modo tal que manipular es tratar a una persona como si fuera un objeto, con la finalidad de dominarla y controlarla. La persona dominada es envilecida, despreciada (des-precia, se le saca el valor) y vaciada (se le quita la energía).

Manipular es, entonces, un acto en el cual se busca reducir la estima de una persona, destruirla moralmente, robarle su energía creadora y su vitalidad, colocarla en la condición de objeto para así dominarla mejor.

2.2 ¿Quién manipula?

Manipula toda persona que quiere vencernos sin convencernos, seducirnos sin darnos razones, chupar nuestra energía para tapar sus carencias. "El manipulador no habla a nuestra inteligencia, no respeta nuestra libertad. Nos arrastra a tomar decisiones que a él le convienen" (Alfonso López Quintás). Todo manipulador es un tirano, y un tirano es toda persona que quiere dominar.

Este proceso de dominación se instrumenta muchas veces por medio de la publicidad, la propaganda, la trasmisión ideológica, la sexualidad, etc., de modo que cualquiera puede ser agente de manipulación y desde muchos lugares pueden intentar someternos.

2.3 ¿Para qué se manipula?

Para dominar, para controlar, para acumular poder, para satisfacer la peor de todas las codicias: la codicia moral. Y para esto el manipulador se basa en las necesidades, debilidades y anhelos de las personas y las comunidades.

2.4 ¿Cómo se manipula?

El medio de que se vale la manipulación es el lenguaje. "El lenguaje es el mayor don que posee el hombre, pero el más arriesgado. Es ambivalente: puede ser tierno o cruel, amable o displicente, difusor de la verdad o propalador de la mentira. El lenguaje ofrece posibilidades para descubrir la verdad, y facilita recursos para tergiversar las cosas y sembrar la confusión. Con solo conocer tales recursos y manejarlos hábilmente, una persona poco preparada pero astuta, puede dominar fácilmente a personas y pueblos enteros si estos no están sobre aviso". (Alfonso López Quintás).

El lenguaje manipulador usa varios recursos:

a) *Los términos*: la creación de palabras talismanes que no admiten cuestionamiento alguno y que parecen responder a todas las necesidades de la vida humana. Estos conceptos tienen la virtud de darle valor a lo que lo apoya y desprestigiar a lo que se le opone. Todo manipulador sabe utilizar estas "palabras llave" con la finalidad de conseguir su objetivo sin importarle las consecuencias.

b) *Los dilemas*: el manipulador plantea la realidad en términos dilemáticos, de los cuales hay que escoger entre uno u otro de los polos. Este camino es una falsa opción, en tanto ambos polos son necesarios para el desarrollo de una conducta integrada y creativa.

c) *Los grandes planteos*: el manipulador intenta manejar con términos acerca de las cuestiones "transcendentales" de la vida y utiliza cifras, "datos comprobados" que no son nada mas que cortinas de humo y mentiras para someter ideológicamente al otro.

d) *Los recursos*: el rumor, la mentira, la crítica, el chantaje emocional (y material), el sexo, el dinero, etc.

3. ¿Cómo evitar la manipulación?

Hay algunas cosas básicas a tener presente para no dejarse manipular:

a) *El "acecho"*: estar alerta, desarrollar la astucia, tener conciencia de que la manipulación existe y cómo detectarla.

b) *Pensar*: un objetivo del manipulador es no dejarnos pensar para así poder dominarnos fácilmente. El antídoto es pensar, reflexionar, cuestionar.

c) *Crear*: la creatividad es un buen mecanismo de defensa contra la manipulación.

d) *Confiar*: en uno mismo. Tener la certeza de que estamos en las mejores manos, las nuestras. No delegar nuestras vidas en manos de otros.

4. Cinco modos básicos de manipulación en la vida cotidiana

Queremos describir, en este punto, cinco maneras básicas, no las únicas, de cómo en la vida cotidiana se puede encontrar la manipulación. Estas estrategias de manipulación son estrategias de poder que tienen en común la necesidad de dominio, el tener acceso a disponer de los otros, la certeza de su superioridad, del creer que saben lo que les conviene a los otros. Lo que este deseo satisface no es la conservación, ni el anhelo de cosas materiales, sino la seguridad de hacer y deshacer apropiándose de la energía de los otros.

Los rasgos más notables de estas estrategias son el afán de dominio y el disfrute del poder que pueden manifestarse como: compasión, autoritarismo, posesividad, sadismo, soberbia, crítica, absorción afectiva, intolerancia, arrogancia, rigidez, fanatismo, inflexibilidad y codicia.

a) La manipulación cariñosa

Son personas posesivas que aman como una inversión para ser amadas. Viven permanentemente diciendo cosas como éstas: "Solo vivo para ti"; "Nadie puede amarte como yo te amo"; "Quién sabe mejor que yo lo que necesitas". Demandantes, absorbentes y culpógenos, utilizan este mecanismo como una forma de manipuleo.

Sobreprotegen y organizan la vida de los otros según sus anhelos. Su dominación es esencialmente palpable en el ámbito de las relaciones afectivas. Un ejemplo es el de la madres sobreprotectoras que generan hijos psicológicamente "inválidos".

Técnica de manipulación: chantaje afectivo, culpa y sobreprotección.

b) El afán de justicia

Hay personas que parecen estar dominadas por sentimientos de altruismo, dignidad y solidaridad. Su apasionamiento los lleva a manipular a otros para ponerlos a trabajar en la defensa de "una justa causa", a veces con consecuencias desastrosas.

El afán de justicia que los mueve puede estar escondiendo sentimientos de odio, y su fanatismo los lleva a avasallar a las personas para imponerles sus ideales.

Técnica de manipulación: promesas, afán de justicia, fanatismo.

c) La inflexibilidad

Estas son personas que poseen una fuerte capacidad de mando, que ejercen con tiranía e inflexibilidad. Muchas veces infunden miedo para dominar. Hacen hacer a los otros aquello que ellos no se atreven a hacer, y no tienen ninguna consideración moral a afectiva como norma de conducta de su vida.

Técnica de manipulación: autoritarismo, infundir miedo, maltrato, agresividad.

d) La crítica intolerante

Son personas hipercríticas de los otros, a las que les cuesta comprender la diferencia de opiniones o las dificultades ajenas. Son hirientes y demoledores en su lenguaje, intolerantes y viven buscando defectos en los otros. Generalmente muy soberbios y arrogantes, creen ser la perfección que debe ser imitada.

Técnica de manipulación: descalificación, crítica, intolerancia.

e) Lo inmutable

Son personalidades resistentes al cambio, que desean permanecer siempre iguales a sí mismas, que luchan contra toda alteración de lo establecido porque la viven como algo que cuestiona su seguridad personal. Son rígidos, disciplinados y estrictos. Legalistas y moralistas, se conducen de acuerdo con normas, aunque dejen de lado la justicia. Muchas veces sienten que pueden emular a Dios y desde este lugar tratan al resto de la gente con desprecio

Técnica de manipulación: disciplina, rigidez normativa, codicia moral.

Quinta revelación

La conexión cósmica

V. La Quinta Visión: La conexión cósmica

A. Estructura de la Visión

Claves

Conciencia mística. Conexión con todo lo que nos rodea.

Descripción

La cuarta revelación pone al sujeto en contacto con la energía. La quinta le proporciona la experiencia de incorporar la energía cósmica, que genera a su vez, la activación de una conciencia expandida. El hombre se conecta con todo lo que lo rodea y éste es el marco propicio donde puede darse entonces la emergencia de la conciencia de unidad, que en un nivel de máxima intensidad se transforma en conciencia mística.Cuando los hombres aprendan a contactarse con las fuentes naturales y universales de la energía, por voluntad propia, habrán dado un paso significativo para superar las causas finales de sus conflictos, problemas y sufrimientos.

El contacto con la experiencia de "conciencia expandida" permite también capturar, como en una visión, el pasado y el futuro. El hombre actual no puede mantener el estado "místico" durante mucho tiempo, en parte por el estado de conflicto en que vive la humanidad. De modo que el reto consiste en que progresivamente vaya logrando niveles de mayor permanencia de la "conciencia expandida". Pero para lograr esta meta se debe aprender: a) a cargar conscientemente la energía; b) a reconocer las coincidencias y transformarlas en conciencia sincronística permanente; c) a comprender que el nivel de energía que atrae las coincidencias está funcionando dentro de cada uno (arquetipos); d) a vencer el miedo, los conflictos y otras emociones perturbadoras.

El fruto es el nacimiento de la conciencia espiritual en todo el planeta, en este momento histórico que significa la entrada a una nueva era. Esta conexión cambia los modos en los cuales se percibe y se piensa la realidad y abre la puerta de la intuición.

Aprendizaje

Aprender a conectarnos con otras fuentes de energia y expandir nuestra conciencia.

Pasos del aprendizaje

1) ***Ver:*** existen otras fuentes de energía diferentes de la humana, energía con la cual podemos nutrirnos.

2) ***Comprender:*** que la experiencia de recibir energía cósmica da ligereza, fuerza, claridad y expansión de conciencia.

3) ***Concluir:*** formación de la conciencia mística por medio de la permanencia de un estado alterado de conciencia que proporciona la experiencia del amor universal.

Consecuencias

Terminación de los conflictos. Nacimiento del hombre nuevo. Desarrollo de la intuición. Sintonizar a la humanidad con la nueva era.

Obstáculos a ser vencidos

La transitoriedad de la expansión de la conciencia. La intelectualización de la experiencia mística.

B. Estructura conceptual

1. La conciencia mística

Existen numerosos trabajos sobre la experiencia mística. El primer hecho que se desprende de ellos es que si bien el misticismo fue considerado como un fenómeno cristiano, los estudios religiosos comparados han puesto de manifiesto que, por el contrario, esta experiencia es universal y anterior al cristianismo.

En segundo lugar, lo que la conciencia mística es, pese a las descripciones, sigue siendo un concepto bastante difícil de capturar, porque se trata ante todo de una "vivencia" de la cual solo se puede dar cuenta pálidamente, ya que implica un conocimiento intuitivo, emocional, sintético, subjetivo y privado, captado por contacto directo, y por lo tanto vagamente comunicable en su núcleo central.

Finalmente, todo proceso místico implica tres fases: la desconexión del ambiente presente, la alteración de la conciencia y la unidad con el todo.

También puede ser importante comprender en este punto que la conciencia mística que propone la nueva era implica la convergencia de tres principales caminos que la humanidad ha seguido en este tema: la mística de la liberación (principalmente budista), cuyo interés central es liberar al hombre de las condiciones inherentes a su existir; la mística de la identidad (principalmente hinduista), que busca la identificación del sujeto con el todo, y la mística teísta (judía, cristiana e islámica) que busca la unión del hombre con Dios.

Es conveniente leer a Santa Teresa de Jesús (*Vida, Libro de las fundaciones, Las moradas o castillo interior*) y a San Juan de la Cruz (*Noche oscura, Cántico Espiritual, Llama de amor viva*) para poder penetrar en la comprensión de la experiencia mística.

2. El tema del amor

Otro elemento importante que hemos dejado para tratar aparte es la cuestión del amor. Tanto en la antigua tradición mística como en *La Novena Revelación* en este punto la cuestión central es el amor presentado como una experiencia energética de unión con el universo y con Dios.

En *El banquete*, Platón acerca una concepción del amor como el don de la falta. Es, justamente porque no lo tiene que el hombre lo anhela. Y esto indica, en primer, lugar la naturaleza originalmente carente del hombre y, en segundo lugar, su espíritu de emprendimiento en pos de su búsqueda. De modo tal que hallar el amor es no sólo cesar su búsqueda sino también haber alcanzado la completud. Es por esto que la experiencia mística de contacto con el amor se reviste del carácter de fundición de la conciencia con el todo, por oposición a la habitual "conciencia de parte" que indica finitud y carencia.

Pierre Teilhard de Chardin en su libro *El fenómeno humano* dice lo siguiente:

"Sufrimos y nos inquietamos al darnos cuenta de que las modernas tentativas de la colectivización humana, contrariamente a las previsiones de la teoría y a nuestra esperanza, no conducen más que a una disminución y a una esclavitud de las conciencias. Pero, en realidad, ¿cuál es el camino que hemos escogido hasta ahora para purificarnos? Considerémoslo: una posición material que defender; un nuevo dominio industrial que crear; mejores condiciones para una determinada clase social o para unas naciones desfavorecidas...

He aquí los únicos y mediocres caminos por los cuales nos hemos aventurado todavía. ¿Qué de extraño puede tener si tal como acontece con las sociedades animales nos llegamos a mecanizar mediante el juego mismo de nuestro modo de asociación? Incluso en el acto, tan extremadamente intelectual, de la edificación de la Ciencia (por lo menos mientras este acto consiste en algo especulativo y abstracto), el impacto de nuestras almas no se realiza más que de manera oblicua, como de a través. Contacto, pues, superficial y, por tanto, un peligro de crear una nueva servidumbre... Sólo el amor, por la misma razón de ser el único que debe tomar y reunir a todos los seres por el fondo de sí mismos, es capaz -y éste es un hecho de la cotidiana experiencia- de dar plenitud a los seres, como tales, al unirlos. Y, en efecto, ¿en qué momento llegan a adquirir dos amantes la más completa posesión de sí mismos, sino en aquél en que se proclaman perdidos el uno en el otro? Y en verdad este gesto mágico, este gesto considerado como contradictorio de "personalizar" totalizando, ¿no lo realiza el amor en cada momento y a nuestro alrededor, en la pareja y en el equipo? Y lo que ahora realiza de una manera más cotidiana a una escala reducida, ¿por qué no podrá repetirlo un día a la de las dimensiones de la Tierra misma? [...]

Todo cuanto puede hacer un hombre, ciertamente, es dar su afecto a un solo ser o a algunos contados seres humanos. Más allá, en un radio mayor, el corazón ya no puede llegar y ya no queda lugar sino para la justicia fría y la fría razón. Amarlo todo y a todos: he aquí se dice, un gesto contradictorio y falso que no conduce finalmente sino a no amar nada.

Pero entonces, contestaría yo, si como pretendéis, el amor universal es imposible, ¿qué puede significar pues este instinto irresistible que nos lleva hacia la Unidad cada vez que nuestra pasión se exalta por una dirección cualquiera? Sentido del Universo, sentido del Todo: enfrente de la Naturaleza, ante la Belleza, en la Música, la nostalgia se apodera de nosotros, expectación y sentimiento de una gran Presencia. ¿Cómo se explica que aparte de los "místicos" y de sus analistas, la psicología haya podido menospreciar tanto esta vibración fundamental, cuyo timbre para un oído ejercitado llega a distinguirse en la base, aún mejor, en la cima de toda gran emoción? Resonancia en el Todo: he aquí la nota esencial de la Poesía pura y de la pura Religión. Nuevamente aún ¿qué es lo que traduce este fenómeno que nació con el Pensamiento y que creció con él, sino el profundo acorde entre dos realidades que se atraen: la parcela aislada que tiembla con la proximidad del Resto?

Imaginamos a menudo haber agotado las diversas formas naturales del querer con el amor del hombre por la mujer, por sus hijos, por sus amigos, y, hasta cierto punto, por su país. Ahora bien: precisamente en esa lista se halla ausente la forma de pasión más fundamental: aquella que precipita el uno al otro bajo la presión de un Universo que se cierra a todos los elementos del Todo. La afinidad y, como consecuencia, el sentido cósmico.

El amor universal: no ya un algo psicológicamente posible, sino más aún, la única forma completa y última con que podemos amar.

Y ahora, una vez establecido este punto, ¿cómo nos será posible explicar que siempre y aun de una manera progresiva veamos crecer, de modo aparente y a nuestro alrededor, la repulsión y el odio? Si de verdad aquella tan poderosa virtualidad nos impele desde dentro hacia la unión, ¿qué es lo que espera para hacerse operante?

De una manera simple y sin lugar a dudas, lo que espera es que después de vencer el complejo "antipersonalista" que nos paraliza, nos decidamos a aceptar la posibilidad, la realidad de algo Amante y Amable en la cima del Mundo, por encima de nuestras propias cabezas. En tanto que absorbe o parece absorber a la persona, lo Colectivo mata al amor que quisiera nacer. Como tal, lo colectivo es esencialmente no amable. Y he aquí por donde fracasan las filantropías. El sentido común tiene razón. Resulta imposible el entregarse al Número Anónimo. Y no obstante, que el Universo, por el contrario, tome para nosotros, hacia adelante, una cara y un corazón, que se personifique si así puede decirse: ya veremos entonces cómo las atracciones elementales encuentran su expansión dentro de la atmósfera creada por este hogar. Y es entonces, sin duda, cuando bajo la presión forzosa provocada por una Tierra que se encierra, estallarán las formidables energías atractivas, todavía larvarias existentes entre las moléculas humanas.

Los descubrimientos realizados desde hace un siglo han aportado a nuestro sentido del Mundo, y a nuestro sentido de la Tierra y a nuestro sentido humano, un aliento nuevo y decisivo. De ahí la resurrección de los panteísmos modernos. Pero este aliento no hará más que arrojarnos de nuevo en la supermateria si no es capaz de llevarnos hacia alguien.

Para que el fracaso que nos amenaza se convierta en éxito -para que se realice la conspiración de las mónadas humanas-, es necesario y suficiente, al prolongar nuestra Ciencia hasta sus límites últimos, que reconozcamos y aceptemos, como algo necesario para cerrar y equilibrar el Espacio-Tiempo, no sólo el hecho de alguna existencia vaga en el porvenir, sino todavía (y he de insistir sobre ello), la realidad y la irradiación, *ya actuales*, de ese misterioso Centro de nuestros Centros que he llamado Omega".

Sexta revelación

Otras fuentes de energía

VI. La Sexta Visión: Otras fuentes de energía

A. Estructura de la Visión

Claves

Dramas de control. Transferencia. Repetición.

Descripción

Cada persona aprendió desde la infancia un comportamiento de control-drama como modelo mediante el cual se vincula y se relaciona y comunica con los otros. El reconocer, concientizar y romper con esta pauta de conducta es indispensable para poder conectarse con otras fuentes de energía, para avanzar en el proceso de crecimiento y evolución, y no quedar condenado a reiterar una y otra vez el mismo "drama". El sujeto siempre podrá conectarse con estas otras fuentes de energía, pero mientras lo domine el control-drama el contacto será efímero y transitorio.

El control sobre otros fue un aprendizaje. Lo aprendimos en la niñez, en el medio familiar, para obtener atención, para que la energía fluyera en nuestra dirección. Pero estos modelos nos atrapan y se repiten sin que nos demos cuenta. Solo sabemos que las mismas situaciones nos suceden una y otra vez con un inflexible automatismo que se apodera de nuestra conducta. Y esta reiteración de situaciones, que se vuelven frecuentemente autodestructivas, impiden que las otras escenas de nuestra verdadera película de la vida, los sucesos marcados por las coincidencias sincronísticas, puedan progresar.

Todas las personas tienen un control-drama caracterológico. A veces se usan diferentes o varios en diferentes situaciones o con ciertas personas. Pero todo el mundo tiene algún control-drama prevaleciente que lo define.

Para comprender cómo se creó el particular control-drama de cada persona, hay que examinar cuál fue el control-drama que los padres, cada uno, usaron con ella.

Una vez que se identifica el drama se pueda dar un paso más; se está libre para ir más allá del rol inconsciente adoptado y encontrar un sentido más elevado a la vida, una razón espiritual del por qué de esta particular familia, de este lugar o país, de este momento histórico de la humanidad.

Se comienza a comprender quién se es y cuál es la misión de cada uno en la vida. Esta comprensión puede clarificar el camino en el que una persona se encuentra, qué es lo que realmente está haciendo y por qué. El tener dominio sobre la identidad espiritual requiere visualizar toda la vida como una larga historia secuencial con sentido.

Cada ser no es únicamente la creación física de sus padres, también es su creación espiritual. La vida de los padres tiene un efecto innegable e irreversible sobre la vida de los niños, tal como S.Freud lo desmostrara. Sin embargo, el camino de cada uno tiene algo que ver con descubrir una verdad que representa una síntesis más global de lo que fue la creación de sus padres.

Cuando el hombre mira los cambios significativos en su vida y los interpreta bajo la luz de la evolución, puede encontrar y participar conscientemente en la misión de su vida. El ser humano nace a una particular situación histórica y encuentra algo que representar, algún valor o principio en lo que cree. Después realiza una unión con otro ser humano que también ha encontrado algún propósito. Los niños que nacen de esta pareja reconcilian estas dos posiciones aspirando a una síntesis elevada, guiados por sus coincidencias en la vida. Toman el nivel de vibración de los padres y lo llevan aún más alto.

Esto siempre ha sido así. La diferencia ahora es que la humanidad (o por lo menos parte de ella) está lista para realizar este proceso de modo consciente y así acelerarlo. Y aunque haya temores y miedo, una vez comprendido ese propósito evolutivo de la vida, no hay manera de borrar ese conocimiento, sabiduría que empuja al hombre hacia adelante. Cuando el hombre intenta algo diferente con su vida, siempre siente que le falta algo.

Aprendizaje

Aprender a no dominar, controlar y poseer a los semejantes.

Pasos del aprendizaje

1) ***Ver***: cuáles son nuestros control-dramas, las modalidades predominantes mediante las cuales nos apoderamos de la energía de los otros.

2) ***Comprender***: quiénes somos y cuál es nuestra misión en la vida.

3) ***Concluir***: liberar nuestros canales de recepción de la energía cósmica.

Consecuencia

Mayor libertad interior, desarrollo de vínculos más cooperativos entre las personas, participación consciente en el proceso de desarrollo de la misión de nuestra vida.

Obstáculos a ser vencidos

Miedo, la posesividad, el manipuleo, la dominación.

B. Estructura conceptual

1. Transferencia y repetición

Existen dos procesos que dan cuenta del funcionamiento de lo psíquico que, en psicoanálisis, reciben el nombre de transferencia y repetición.

La transferencia consiste en el hecho de que el hombre va generando en sus primeros años de vida y en torno a las figuras significativas de su ambiente, modelos de vínculos que luego va a trasladar en los vínculos posteriores. De este modo el fenómeno transferencial consistiría en la reedición de antiguas relaciones infantiles en el aquí y ahora. Esto quiere decir que las relaciones que mantenemos, los modos en los cuales nos comunicamos, las elecciones que realizamos están, en cierta medida, condicionados o preformados desde esta experiencia preliminar.

Todo vínculo es entonces, y hasta cierto punto, la actualización dramática de un mundo contradictorio e inconsciente perteneciente al pasado de la vida del sujeto. De esta manera cada persona es esclava de los comportamientos aprendidos. Esclava hasta que rompe esta cadena y se asume como ser libre y consciente.

Un rasgo esencial de la convivencia humana es la esperanza. El hombre es un ser que espera; el hombre está volcado hacia la esperanza, avistando algo nuevo y enriquecedor, algo que le traiga plenitud y socorro a su vida. Así la esperanza está dirigida hacia el futuro y representa una emoción que intenta romper las ataduras de la transferencia y la dependencia del pasado.

La transferencia no deja de ser un encuentro. Más específicamente una relación vital y trascendente que ha nacido de un encuentro. El hombre busca, inconscientemente, hallar en este encuentro nada más que toda la completud que espera.

Sin embargo, la realidad impone que nunca lo encontrado es igual a lo buscado, que siempre hay una diferencia entre el modelo y la relación concreta. Y esta hiancia conduce necesariamente a este encuentro hacia el fracaso, fracaso que vuelve a abrir las puertas del deseo y de la búsqueda. Este proceso recibe el nombre de repetición, término que deriva del latín re-petire, que significa "volver a pedir". Volver a pedir por aquello que no se encontró. Buena señal, después de todo, ya que pedir es signo de vivir y evolucionar.

En relación a los control-dramas estos procesos tienen una significación importante, ya que explican el porqué de la fijación del sujeto a un tipo de respuesta de dominio y/o sometimiento y el motivo por el cual el hombre tiene la posibilidad de escapar de esta "condena".

2. El proceso comunicativo

Todo el proceso de control ocurre dentro del marco de la dinámica de la comunicación, que es un fenómeno inherente a la vida y puede ser definido como un conjunto de procesos físicos, energéticos, psíquicos y socio-culturales cuyo fin es el de vincular entre sí a dos o más personas. Dentro de los diversos modos de comunicación, el lenguaje humano es una forma privilegiada y característica distintiva del hombre.

El lenguaje, así como el pensamiento, es el producto de un desarrollo a la vez onto y filogenético y varía en relación a una pluralidad de factores socio-culturales. Según Shannon, toda comunicación supone un emisor o fuente, un mensaje, que circula a través de un canal o contacto físico, y que llega a un destinatario llamado receptor. El conjunto de elementos involucrados en el proceso se denomina circuito comunicacional.

Todo mensaje se expresa por medio de un código, que el receptor debe decodificar o descifrar, dentro del campo común de experiencias o contexto.

Un código es, en sentido estricto, un verdadero sistema de símbolos y signos propios de cada individuo, que siempre y en distintos grados se comparte con los miembros de los grupos que integran la comunidad.

Es necesario tener en cuenta que los integrantes de una red comunicacional pueden ser alternativamente tanto emisores (codificadores), como receptores (decodificadores) de los mensajes.

El emisor puede conocer el resultado o los efectos de su emisión, y modificar su conducta en consecuencia. Este proceso se denomina feed-back o retroalimentación. Enrique Pichon Riviere, señala:

> "La red de comunicaciones es constantemente reajustada y solo así es posible reelaborar un pensamiento capaz del diálogo y de enfrentar el cambio."

El fenómeno de retroalimentación es posible, y toda la comunicación es posible porque emisor y receptor comparten un mismo código.

Existen tres tipos de códigos o modos de comunicación básicos:

* **verbal;**
* **de acción y**
* **somático.**

El código verbal es el constituido por los signos verbales; el código de acción es el que se emplea para comunicarse, expresando o dando a entender significados por medio de la acción, y el código somático incluye todas las conductas donde el mensaje es predominantemente observable o expresado a través del cuerpo. Ruborizarse, desmayarse, entre otras, son formas comunicativas somáticas.

Los tres tipos de códigos no son mutuamente excluyentes; configuran diferentes vías o posibilidades de expresión, que pueden ser coexistentes entre sí. Asimismo, los códigos pueden ser clasificados, desde otro punto de vista, en digitales y analógicos. Son analógicos los que de algún modo guardan alguna relación de similitud con el objeto, fenómeno o situación a los que se refieren, por ejemplo, los ruidos onomatopéyicos.

Se denominan digitales los que no mantienen una correspondencia analógica con aquello que designan; por ejemplo, la palabra "ballena" no guarda ninguna relación de similitud o analogía con el objeto al que alude.

Podríamos englobar los modos de comunicación en dos amplios sectores:

a) La comunicación por medio de gestos que si bien se da ampliamente a nivel humano en todos los momentos de la ontogénesis, es característica de los niveles evolutivos más primitivos. El timbre y el tono de voz, las actitudes, las emociones que acompañan la información verbal, los gestos, etc., forman un código denominado preverbal.

b) La comunicación por símbolos significativos que se observa con mayor claridad y complejidad en etapas más avanzadas. La no coincidencia del código verbal con el preverbal es una fuente permanente de distorsión comunicativa y a veces signo de patología psíquica.

3. Tipos de comunicación de acuerdo con los participantes que integran la red

El circuito comunicacional establecido entre dos individuos se suele denominar interindividual o diádico; la comunicación que transcurre entre los miembros de un grupo se denomina intragrupal, en tanto que la que se opera entre diversos grupos es la comunicación intergrupal.

Por último, la comunicación intraindividual es la que se produce en un individuo, que resulta así, a la vez, emisor y receptor. En este caso, nos referimos a todo el conjunto de vínculos que cada sujeto puede establecer consigo mismo, con todo lo que constituye su mundo interior poblado de fantasías, expectativas, dudas, ansiedades y proyectos.

4. Patrones básicos de comunicación

Existen un conjunto de patrones básicos de comunicación, modalidades mediante las cuales nos expresamos y recibimos lo que otros expresan. Las más frecuentes de estas formas son:

* *infantil*
* *de acción*
* *demostrativa*
* *lógica*
* *retraída, no participante*
* *ansiosa y temerosa*
* *depresiva*

* *infantil*

Palabra clave

Demando, necesito, ¡ay de mí!

Descripción

Estas personas se caracterizan por el uso de un lenguaje corporal para expresar conflictos y emociones. Hablan, sienten y piensan con su cuerpo y utilizan sus síntomas para obtener manejo y control sobre las personas que los rodean. Tratan de protegerse y evitar el ser abandonados, dejados de lado, excluidos o lastimados trasmitiendo una imagen de indefensión y orfandad.

Modelo comunicacional

Al percibir, tienden a dar relevancia a los estímulos propioceptivos en detrimento de los estímulos exteroceptivos. En contraparte, la percepción de lo que sucede en el mundo externo es escasa, así como los juicios que establecen acerca de esa realidad.

Así, la recepción y la transmisión de mensajes es pobre; el canal predominante es el cuerpo, a través del cual suelen expresar sentimientos significativos. Su capacidad de silogizar, de conceptualizar, es limitada. Su código prevalente es preverbal.

Origen

Al investigar los sucesos de la infancia, que contribuyeron a estructurar este tipo de personalidad, se detectan situaciones de disarmonía entre los padres; en particular que uno de ellos se erigió en figura dominante, en tanto que el otro resultó ser, casi siempre, una figura casi nunca tenida en cuenta en las decisiones y la elaboración de proyectos dentro del grupo familiar.

En general, los padres eran ansiosos que intentaban controlar sus propias ansiedades por diversos mecanismos, como por ejemplo el excesivo cuidado del cuerpo del niño. Todas estas situaciones, probablemente, contribuyeron a retrasar el desarrollo y la maduración del niño y a determinar su modo de organización patológica .

Mapa emocional

Masoquismo, posesividad, rol de víctima para manipular el entorno.

** de acción*

Palabra clave

Hacer, dominar, actuar.

Descripción

Son personas que tienen una gran tendencia al manipuleo. Su lenguaje predominante es la acción. Esto significa que si bien la acción es siempre un lenguaje, un vehículo para comunicar, en este tipo de personalidad se halla continua e intensamente exagerada. Al mismo tiempo, el intercambio verbal resulta marcadamente empobrecido dado que son personas que no saben traducir sentimientos o pensamientos a través de palabras o de gestos. Si desean expresar un hecho íntimo deben recurrir a complicadas acciones físicas que frecuentemente entrañan el intercambio de cosas, contacto corporal, u ocasionan alguna trasgresión.

Modelo comunicacional

La acción reemplaza al intercambio verbal o comunicativo en otros niveles. Lo que habitualmente se denomina "el mundo externo", es el campo preferido en que estos sujetos desenvuelve su actividad.

En cuanto a los mensajes intrapersonales, también resultan pobres. No son personas capaces de soportar la soledad, ya que su capacidad de sentir, de fantasear, de pensar, es limitada. En consecuencia, su posibilidad de introspección es una fuente de ansiedad y de insatisfacción.

En cuanto a su relación con los otros parece como si las personas fuesen una extensión de ellos mismos. Los utiliza para toda clase de propósitos y los trata como cosas. Son muy hábiles para percibir las necesidades, intenciones y debilidades de las personas y buscan afanosamente el reconocimiento a sus actos.

Origen

Con relación a los orígenes infantiles de la personalidad de acción se supone que los padres utilizaron predominantemente, para responder al niño, un lenguaje de la acción.

> "...cuando realiza una acción, se lo tiene en cuenta, pero cuando permanece callado y silencioso pasa inadvertido."
>
> **(J. Ruesch)**

Por ello, la acción, la actuación, se convierte en estos niños en una necesidad para vivir, para convivir.

> "...tiene que traer, robar, romper y arrojar cosas; debe atacar a la gente y hacer travesuras, pero, por encima de todo debe poder causar impresión y lograr un efecto."
>
> **(J. Ruesch)**

Su equilibrio interior, precario, se mantiene en tanto actúa sobre las cosas y las personas, de tal manera que aprende a observar agudamente a los otros, con el fin de poder controlarlos y manejarlos de acuerdo con sus necesidades.

Mapa emocional

Ansias de poder y dominio. Autoritarismo. Las cosas se deben hacer a su manera. Tiránico.

* *demostrativa*

Palabra clave

Máscara, ingenuidad, seducción, dramatización.

Descripción

Las personalidades demostrativas se encuentran dominadas por una fuerte tendencia a la dramatización y la expresión alegórica de sus afectos.

Son personas muy influenciables que poseen un sistema de simbolización sumamente desarrollado y complejo, que no se limita a un área en especial. Lo verbal, la acción, el cuerpo, son canales ampliamente utilizados por la personalidad histérica.

Como ejemplos extremos de este tipo de personalidad se citan con frecuencia aquellos que padecen cegueras funcionales, parálisis de los miembros (sin lesiones orgánicas), ciertas formas de impotencia sexual o frigidez, anestesias funcionales de las extremidades, y una labilidad emocional muy acentuada.

El canal somático es el utilizado con mayor frecuencia, pero a diferencia de las personalidades infantiles, cuyo sistema nervioso autónomo sirve de intermediario para afirmaciones primitivas referentes al deseo de ser tocado o cuidado, las personalidades demostrativas emplean el lenguaje somático para fines simbólicos.

Modelo comunicacional

La personalidad demostrativa coordina la palabra y la acción de una manera bastante singular: hace una cosa y dice otra, poniendo el énfasis en la acción antes que en la palabra; inversamente, al percibir, presta más atención a la palabra que a la acción.

Todo lo anterior muestra hasta qué punto se desarrolla el sistema de codificación analógico en detrimento de su sistema de codificación verbodigital.

Naturalmente, de todas estas características, resultan una serie de implicancias psicoterapéuticas. Un objetivo esencial con estos pacientes es lograr que integren los aspectos verbales y no verbales de la comunicación.

La disociación en la utilización de los mensajes, en su emisión y contenido, es correlativa de una acentuada sugestionabilidad que hace que las palabras de los otros sean interpretadas como órdenes, reproches o declaraciones de amor. De este modo, el intercambio de mensajes resulta, aunque abundante en la superficie, pobre, limitado, unilateral.

A diferencia de la personalidad de acción, en donde el objetivo de control es la obtención de poder personal, la personalidad demostrativa seduce, no para sí misma, sino en nombre de otro, sea persona, movimiento o idea.

Origen

En el grupo familiar originario se estimulaba en el niño una aproximación hacia los objetos más simbólica, más mediatizada que directa o concreta.

La disociación en el modo de actuar, que luego el niño va a incorporar, se establece en forma explícita o implícita en torno principalmente de la identidad sexual y la diferenciación de sexos. El escotoma se planteaba en los padres con relación al sexo y al modo de "actuar" este tema con el niño.

> "Cuando ciertas cosas no pueden ser dichas en voz alta, cuando hay hechos que se niegan, o acciones prohibidas, la expresión no verbal y la elaboración simbólica se convierten en los únicos medios que permiten resolver apremiantes problemas."
>
> **(J. Ruesch)**

Mapa emocional

Afectos poco profundos e inconstantes. Celos, envidia, falta de compromiso. Seducción.

* *lógica*

Palabra clave

Orden, racionalidad.

Descripción

Denominada comúnmente personalidad obsesiva o compulsiva, con características de exagerada minuciosidad, orden, escrúpulos y un afán por "clasificar las propias experiencias dentro de categorías".

Toda la actividad de la personalidad lógica tiene por objeto primordial aliviar la ansiedad, antes que establecer una genuina interacción comunicativa con los demás. Esta necesidad de control puede manifestarse en la repetición de ciertas conductas que, en ciertos casos, pueden adquirir características de verdadero ritual o "ceremonial".

Además de las condiciones internas de la persona que desarrolla este tipo de estructura, el sistema socio-económico actual favorece, en gran medida, el surgimiento y la consolidación de este tipo de personalidad.

> "...los rápidos cambios que debemos afrontar en la actualidad crean ansiedades en los individuos, y, como en todo desarrollo forzado, la falta de dominio determina rasgos obsesivos y compulsivos."
>
> **(J. Ruesch)**

Modelo comunicacional

Los mensajes predominantes son de nivel intrapersonal, no tomando demasiado en cuenta la situación real. El obsesivo se maneja mejor con los aspectos sintácticos y semánticos que con los pragmáticos. En otros términos, los aspectos congnitivos resultan relevantes en detrimento de la dimensión afectiva y emocional del mensaje. El mensaje (verbal o no verbal) es sumamente preciso, recargando el énfasis en los aspectos formales más que en el contenido.

> "La perfección del pensamiento y la expresión lógica, sea en palabras o números, va acompañada de una apreciación inadecuada de los sentimientos y emociones."
>
> "...la compulsión no obedece al objeto de alcanzar un fin, sino que le sirve para mantenerse libre de ansiedad"
>
> **(J. Ruesch)**

Operando con el predominio de la comunicación intra-personal, las posibilidades de rectificar el mensaje a través del feed-back son escasas e imperfectas. El interlocutor resulta de este modo, en muchas ocasiones una suerte de "pasado por alto en silencio" ya que "sirve" como "depósito" de la ansiedad del emisor compulsivo. Por ello, los mensajes que externamente pueden manifestarse como "diálogos" resultan, esencialmente considerados, un verdadero monólogo destinado a calmar, a controlar la propia ansiedad.

Por otra parte la comprensión analógica, la respuesta no verbal resulta empobrecida.

Origen

Ruesch atribuye la formación de esta estructura obsesiva a exigencias prematuras por parte de los padres, que se definirían con la expresión dirigida al niño: "esto se debe hacer así", sin tener demasiado en cuenta si la conducta ordenada resulta o no gratificante para aquel.

De este modo el niño aprende un repertorio de tareas o conductas que cumplen la doble función de calmar su ansiedad y la de sus padres, en un círculo repetitivo que empobrece las posibilidades comunicativas.

El mandato acerca de que "las cosas que hay que hacer hay que hacerlas como se deben" se va constituyendo paulatinamente en la base del sentimiento de gratificación del sujeto.

Mapa emocional

Rigidez, dudas, sentimientos de culpa y vergüenza, rumiaciones, agresión contenida.

* *retraída, no participante*

Palabra clave

Aislamiento, retraimiento, intelectualización.

Descripción

Desde el punto de vista del observador externo, se caracteriza por su déficit en la interacción con los otros. La observación sustituye a la participación y el sujeto tiende a compensar este déficit "con una cantidad de inferencias derivadas a la autoobservación. Los rasgos atribuidos a las demás personas son en todo sentido, proyecciones de fenómenos intrapersonales". (J. Ruesch).

Tal como en el caso anterior, la civilización técnica actual contribuiría al desarrollo de este tipo de personalidad también denominada esquizoide.

> "Avanzamos en una dirección que con gran frecuencia pintan los caricaturistas: la del homo sapiens, de cuerpo frágil y enorme cabeza, la personificación del concepto de esquizofrenia."
>
> **(J. Ruesch)**

Modelo comunicacional

El sistema de codificación intrapersonal se halla sumamente

desarrollado. La relación con el otro es fuente permanente de ansiedad. El diálogo, en general, no llega a ser tal, en el sentido de un intercambio.

Este hiper-desarrollo de lo intrapersonal, del mundo interno, hace que su vinculación se concrete, más que con personas, con conceptos, con ideas, con abstracciones.

En general, el esquizoide se halla sumamente capacitado para el manejo del lenguaje digital y verbal, pero no ocurre lo mismo con los lenguajes gráfico-analógicos.

> "...es diestro para valorar extero-funciones, o a otras personas, el grupo exterior, e igualmente máquinas y aparatos. Pero su comprensión disminuye cuando la valoración debe fundarse en una información obtenida merced a la participación y cuando se trata de apreciar funciones corporales, relaciones personales, vínculos internos del grupo u otras intero-funciones."
>
> **(J. Ruesch)**

El párrafo anterior implica lo siguiente: se constituye en un buen observador de la situación en tanto la suya sea una observación no participante. El comprometerse, "meter el cuerpo" en la situación, puede llegar a desorganizarlo y proporcionarle así una percepción distorsionada de la realidad.

Origen

Los estudios realizados sobre niños retraídos o autistas, o diagnosticados como "esquizofrénicos", proporcionan elementos para indagar sobre aspectos del origen temprano de estas perturbaciones.

El hecho, por una parte, del fenómeno del doble mensaje y, por otra, la falta de respuesta de los padres en términos no verbales impide que el niño aprenda en los primeros años de vida a establecer conexiones a través del movimiento y la acción.

> "La ausencia de una temprana comunicación apropiada y gratificadora a través de la acción, los gestos y objetos, no pasa sin dejar huellas".
>
> **(J. Ruesch)**

Estas marcas identificatorias producen, dado que en el grupo familiar se subestiman los mensajes no-verbales, con una concomitante hipervaloración y ejercicio de los mensajes de tipo verbal, que el niño aprenda a cerrarse a las comunicaciones ansiosas de los otros y se vuelque hacia su interior, porque allí siente que se encuentra más protegido y seguro.

Mapa emocional

Impenetrabilidad, desafectividad, introversión, dificultad para aceptar ayuda.

* *ansiosa y temerosa*

Palabra clave

Temor, evitación, huida.

Descripción

Se trata de personas que se encuentran dominadas por el temor incontrolable de encontrarse con algo que es vivido como peligroso y del cual se debe huir. Esto los lleva a desarrollar de modo permanente conductas de evitación para tratar de no enfrentarse con el objeto temido.

Es decir que no solo eluden aquello que puede llegar a producir desorganización con su presencia, sino que anticipadamente evitan las posibles situaciones que pueden producir ansiedad.

El objeto es eludido a todo nivel. No es ni siquiera "pensado". A su vez la ansiedad ante éste no logra siempre ser elaborada en la relación interpersonal. De allí entonces que:

> "La vida de las personalidades fóbicas se organiza en torno al manejo o a la evitación de la ansiedad".
>
> **(J. Ruesch)**

El objeto externo no es la fuente primaria de la ansiedad, sino desde el momento en que el conflicto interior ha sido proyectado sobre él y por lo tanto se torna imprescindible eludirlo al cargarse de los afectos originales. Pero la experiencia va así empobreciéndose, ya que la evitación constante de personas y situaciones impide el ejercicio y la experimentación en los posibles tipos de vínculos comunicativos.

Modelo comunicacional

El modo de comunicación de estas personalidades se estructura a partir de su dinámica psíquica. Tanto su capacidad de recepción, evaluación como de trasmisión se encuentran saturadas de excitación y ansiedad de modo que las informaciones y las respuestas no pueden ser procesadas adecuadamente. Esta sobreexcitación se traduce en desorganización de los sistemas de comunicación, codificación, decodificación e interpretación. Las señales de mundo externo son vividas potencialmente riesgosas y los mensajes se cargan de una significación ominosa.

Origen

En cuanto a los orígenes infantiles de las personalidades fóbicas, se trata, en general, de grupos familiares en que los padres poseían características evitativas, con su carga correspondiente de ansiedad. En este contexto, el niño no encuentra modos adecuados de dar salida a la suya, o de canalizarla convenientemente.

Ese quantum de ansiedad de los padres es de hecho comunicado al niño, quien para protegerse limita las relaciones con los adultos y desarrolla así su propio modo de controlar la ansiedad.

En otras palabras, recibe un verdadero "aprendizaje" de la ansiedad y los modos de evitarla, aprendizaje que se ve continuamente revitalizado por el grupo familiar. Como resultado de todo esto la personalidad fóbica se consolida o cristaliza.

Mapa emocional

Miedo, pánico, hiperestesia social, disociación, angustia.

* *depresiva*

Palabra clave

Depresión, tristeza, abatimiento.

Descripción

Se trata de personalidades dominadas por un fuerte retraimiento, la disminución de su vitalidad psíquica y sentimientos de tristeza. También manifiestan síntomas de inhibición, abulia, desvalorización, frustración y pesimismo. Su modo de mirar el mundo es negativo y no lo pueden percibir como un campo de realizaciones. Muchas veces viven culpándose o penando por lo perdido o lo no hecho.

Modelo comunicacional

La conducta comunicativa de las personalidades depresivas se caracteriza por el intento de reducir la participación en los grupos y sistemas interpersonales. Al mismo tiempo padecen de una cierta incapacidad para lograr regular el "input" y el "output" de la información.

> "La estimación es o bien excesiva o bien demasiado escasa. La personalidad deprimida compensa la escasez del "input" externo con aumento del "input" interno, con estímulos que brotan de la memoria."
>
> (J. Ruesch)

El sistema comunicativo intrapersonal es el más utilizado mientras que el vínculo interpersonal se halla empobrecido; el "otro" tiende a ser percibido como si fuera una parte de su yo. En realidad si existen vínculos en el depresivo, estos se dan predominantemente con sus "objetos internos".

La información recibida no puede, en general, ser adecuadamente utilizada en la realización de acciones concretas, debido, en parte, a que existe una falta de armonía y de sincronización entre los sistemas de codificación verbales y no-verbales.

Origen

Ruesch enfatiza la estrecha correlación entre los métodos educativos utilizados por los padres y la estructuración de una personalidad deprimida. Son parejas que acentúan la importancia de los objetos o logros a alcanzar por el niño, y no el placer de la labor realizada, en sí misma.

Mapa emocional

Tristeza, depresión, melancolía, pena, culpa, desvalorización.

Séptima revelación

Identificar preguntas

VII. La Séptima Visión: Identificar preguntas

A. Estructura de la Visión

Claves

Intuición. Identificar las preguntas correctas. Percibir los signos de las cosas, los sucesos y las personas.

Descripción

El problema de la vida no consiste en recibir respuestas sino en ser capaz de identificar preguntas. Al identificar correctamente las preguntas, las respuestas llegan. La epistemología enseña que la ciencia avanza a partir de la buena formulación de los interrogantes.

Sin duda la intuición juega un rol importante, y esta función psíquica opera más satisfactoriamente si el hombre se conecta con la energía en un estado de amor y si al mismo tiempo afloja la coraza analítica del pensar consciente. El paso siguiente es desarrollar una actitud de observación activa para captar las coincidencias que ocurren al volverse en la dirección de la intuición.

Al poder obtener suficiente energía, el sujeto puede involucrarse conscientemente en el proceso de evolución, para que este fluya y producir las coincidencias que lo guíen hacia adelante. Una vez generada suficiente energía, hay que recordar la cuestión básica del sentido de la vida, aquel que resultó de la dirección de los padres, porque esta cuestión provee el contexto general para la evolución de cada uno. Finalmente hay que enfocarse en el camino para descubrir lo inmediato, y formular preguntas más pequeñas que confronten al sujeto con la actualidad de su vida. Estas preguntas siempre pertenecen a la pregunta mayor y definen en dónde uno se encuentra posicionado actualmente en la búsqueda de la vida. Sin duda, ayuda mucho el estar en el flujo de la evolución.

Cuando se despierta a las verdades de las visiones, el hombre puede ver el mundo como un lugar misterioso que provee todo lo que se necesita, si logra clarificar la mente y entrar en el sendero. El reto es encontrar el núcleo dorado (arquetípico) en cada acontecimiento, no importa que tan negativo o malo pueda parecer. El encontrar las verdaderas respuestas eleva las experiencias cotidianas.

Aprendizaje

Aprender a identificar las preguntas del momento y a seguir las intuiciones acerca de qué hacer.

Pasos del aprendizaje

1) *Ver:* cuáles son las preguntas actuales que inciden en nuestra vida.

2) *Comprender:* dónde uno se encuentra posicionado en este momento de la evolución de su vida.

3) *Concluir:* despertar a la verdad de las visiones.

Consecuencias

Ensanchar la conciencia cotidiana. Poner en movimiento la evolución de nuestro verdadero Ser. Lograr felicidad y plenitud.

Obstáculos

Miedo. Imágenes negativas.

B. Estructura conceptual

El pensamiento lateral y la intuición

En las últimas décadas ha habido una revalorización de modos de conocimientos, con los cuales puede operar el hombre, diferentes de la lógica, entre ellos la intuición, el pensamiento lateral y el pensamiento creativo. Todos ellos despiertan la conciencia a la posibilidad de formular adecuadamente las preguntas, identificar las respuestas, dejar fluir las intuiciones, poner en movimiento la evolución de nuestro verdadero ser.

El pensamiento lateral, al igual que el intuitivo y el creativo, pone la lógica al servicio de la conciencia y la mente. Es un pensamiento que genera ideas nuevas, que busca nuevas respuestas. Para lograrlo se debe comenzar por reconocer las ideas polarizantes o dominantes, se debe seguir buscando maneras distintas de enfocar las cosas, hay que relajar el control rígido del pensamiento analítico y lógico y finalmente dejar fluir la conciencia sincronística.

El Profesor Edward de Bono ha realizado una profunda revolución en este tema y vale la pena, por lo menos, leer su libro *Saber pensar* para comprender los alcances del pensamiento lateral en la formación de la conciencia sincronística.

La intuición, que aparece en esta revelación como la herramienta clave, es en primer término un medio para llegar al conocimiento de algo, medio que se contrapone al método analítico. Mientras el método analítico es una forma indirecta de llegar al conocimiento, la intuición representa un acto único del espíritu del hombre que de pronto se lanza como una flecha sobre el objeto, lo captura, lo aprehende, con una sola mirada del alma. Da por lo tanto a la conciencia un saber inmediato y directo de las cosas.

Se suele diferenciar la intuición sensible de la espiritual. La primera es la que el hombre practica habitualmente cuando con una sola mirada percibe un objeto, un árbol, un afecto, una situación. Es una comunicación directa entre la conciencia y un objeto. La segunda, la espiritual, consiste en ver, con una sola visión del espíritu, con una evidencia inmediata, directa y sin necesidad de demostración, una verdad. Es una captación que penetra en el fondo mismo de las cosas, que llega a la esencia de los procesos y la naturaleza. Es la salida del espíritu del hombre que vuela para ponerse en contacto con la intimidad de la realidad esencial y existencial.

Este es el tipo de intuición de que nos habla esta visión. Una intuición que al permitirnos penetrar en la trama del universo, nos lleva a encontrarnos a nosotros mismos como parte de esa trama.

El pensamiento lateral, alternativo, el intuitivo y el creativo, pone la lógica al servicio de la conciencia y la mente. Es un pensamiento que genera ideas nuevas que traen nuevas respuestas. Para lograrlo se debe comenzar por reconocer las ideas polarizantes o dominantes, se debe seguir buscando maneras distintas de enfocar las cosas, hay que relajar el control rígido del pensamiento analítico y lógico y finalmente dejar fluir la conducción sincronística.

El profesor Edward de Bono ha realizado una profunda revolución en este tema y vale la pena, por lo menos, leer su libro Superpensar para comprender los alcances del pensamiento lateral en la formación de la conciencia sincronística.

La intuición, que aparece en esta revelación como la herramienta clave, es en primer término un medio para llegar al conocimiento de algo, medio que se contrapone al método analítico. Mientras el método analítico es una forma indirecta de llegar al conocimiento, la intuición representa un acto inmediato del espíritu del hombre, que de pronto se lanza como una flecha sobre el objeto, lo captura, lo aprehende, con una sola mirada del alma. Da por lo tanto a la conciencia un saber inmediato y directo de las cosas.

Se suele diferenciar la intuición sensible de la espiritual. La primera es la que el hombre practica habitualmente cuando con una sola mirada percibe un objeto, un árbol, un afecto, una situación. Es una comunicación directa entre la conciencia y un objeto. La segunda, la espiritual, consiste en ver, con una sola visión del espíritu, con una evidencia inmediata directa y sin necesidad de demostración, una verdad. Es una captación que penetra en el fondo mismo de las cosas, que llega a la esencia de los procesos y la naturaleza. Es la salida del espíritu del hombre que vuela para ponerse en contacto con la intimidad de la realidad esencial y existencial.

Éste es el tipo de intuición de que nos habla esta visión. Una intuición que al permitirnos penetrar en la trama del universo, nos lleva a encontrarnos a nosotros mismos como parte de esa trama.

Octava revelación

Relaciones adictivas

VIII. La Octava Visión: Relaciones adictivas

A. Estructura de la Visión

Claves

Solidaridad. Crítica. Vínculos adictivos.

Descripción

Esta revelación enseña cómo ayudar a los demás a incrementar su energía, a hablar claro para así poder transmitir el verdadero mensaje que tienen dentro de sí para los otros. De este modo no solo ayuda al otro sino que, fundamentalmente, se ayuda a comprender el sentido de cada encuentro.

La adicción a otra persona detiene el avance evolutivo ya que la adicción crea dependencia, lleva a luchas de control y vuelve el individuo a su control-drama. La verdadera proyección de energía no tiene ni apego ni intención. Ambas personas sólo esperan los mensajes.

A cualquier lugar que se llegue hay que recordar que nadie esta ahí por casualidad, hay que estar alerta para recibir los mensajes. Al poner la atención, se realiza el principio universal sincronístico: la expectativa determina el resultado porque el universo es energía e interactúa por medio de ella. Así es cuando tenemos una pregunta, que aparecen las personas que también son energía y presentan la respuesta. Cualquiera que cruza en nuestro camino, tiene un mensaje para nosotros. Esto se da porque somos miembros de un grupo de pensamientos que refleja similitudes.

La idea que debe guiar los vínculos humanos es no juzgar, solo edificar, apreciar y amar.

Aprendizaje

Cómo relacionarse con los otros sin depender.

Pasos del Aprendizaje

1) *Ver:* que las respuestas llegan a nosotros en el contacto con otros semejantes.

2) ***Comprender:*** que la dependencia detiene el proceso de individuación.

3) ***Concluir:*** hablar, tomar la iniciativa, proyectar la energía personal, no depender.

Consecuencias

Multiplicar la energía personal. Fusión con los otros en un campo compartido de energía de amor.

Obstáculos

Crítica, juzgamiento, competitividad, envidia.

B. Estructura conceptual

1. La gravitación de los padres

Esta revelación pone en evidencia a los padres como generatrices no solo del cuerpo físico sino también del psiquismo del niño. La función de los padres es un oficio y un instrumento privilegiado para "capacitar a un alma a entrar en contacto con el mundo por el bien de su evolución" (Edward Bach). En este sentido tal vez no exista una responsabilidad mayor que esta: "ser agente del nacimiento físico de un alma y tener a su cuidado su personalidad" (Edward Bach).

Así planteada la cuestión, vale la pena recordar que los padres deben tener presente que el hijo a quien han dado vida material es un ser individual que ha venido a la tierra a desarrollar su propia experiencia, a aprender lo que le quedó pendiente de otras existencias, de modo que la labor de los padres consiste en ayudar a sus hijos a crecer en libertad, autonomía, independencia y creatividad. El Dr. Edward Bach sintetiza este punto diciendo que "... hay que animar al niño lo antes posible a que piense y obre por sí mismo".

Muchas veces los padres se olvidan de este mandato y quieren controlar el destino de sus hijos. Sin embargo, cualquier intento de control no deja de ser un forma de codicia y posesividad que quita la energía a los niños para que crezcan libres.

Ser padres no es entonces tener poder sino realizar un servicio a un alma en un momento muy delicado de su formación: los primeros años de vida. La gravitación de los padres es, por lo tanto, muy importante y su influencia muy significativa. Deben estimular en sus hijos el espíritu de lucha contra la dependencia y el sometimiento al control.

2. Arquetipo de Edipo

Este arquetipo representa la tendencia del hombre a volver al seno del cual partió: la madre, pero también la tierra. Explica las aspiraciones regresivas existentes en toda persona, su deseo de volver al seno materno del cual proviene.

Uno de los costados de los mitos edípicos aluden a esta cuestión. Pero también traen a colación otros temas que este arquetipo moviliza, como, por ejemplo, las situaciones de encrucijadas de nuestras vidas, momentos significativos, de los cuales dependerá nuestro destino, según el camino que tomemos o la experiencia que tengamos.

Uno de los momentos cruciales es el tiempo formador de la infancia en el vínculo con los padres, con quienes el niño se identifica y de quienes aprende sus modos de defensa y control. Esta época se la conoce como "edípica" y entraña el nacimientos de antagónicos e intensos sentimientos, por parte del niño, hacia las figuras parentales.

Quedar prisionero del complejo edípico significa quedar aprisionado por el laberinto del drama-control de nuestros padres, no resolver el enigma de la esfinge que nos permite seguir avanzando por el camino, en pos de nuestro destino.

3. Vínculos adictivos

La existencia de vínculos, como los de control, implican el reconocer cierta tendencia adictiva del hombre en sus vínculos de afecto. Estos vínculos se basan en la dependencia, la desvalorización de uno mismo, la postergación de los propios anhelos y proyectos, la sumisión y la sensación de que no importa lo que el otro haga, "sin él yo no soy nada".

La dificultad existente en romper estos vínculos se debe justamente, a su carácter adictivo: su falta genera un síndrome de abstinencia y desesperación. El sujeto no puede estar solo, no puede valerse por sí mismo, queda prisionero de la fantasía de que vendrá un "salvador" a rescatarlo.

No solo se es adicto a una persona a quien se está ligado en una relación de amor. Se puede ser adicto a un maestro, a una idea. Pero en todos los casos el resultado es el mismo. Achatamiento de la creatividad, dependencia, sometimiento.

Novena revelación

La cultura emergente

IX. La Novena Visión: La cultura emergente

A. Estructura de la Visión

Claves

Evolución de la humanidad.

Descripción

Esta revelación habla del cambio en la cultura humana durante el próximo milenio, como resultado del proceso de la evolución consciente. Estos cambios operarán en la relación del hombre con la naturaleza, las relaciones de producción y distribución de bienes, los vínculos sociales, la ciencia, la tecnología y en todas las áreas de la civilización. Se gestará una cultura emergente esencialmente espiritual.

Durante siglos la espiritualidad ha sido solo una conexión abstracta, algo en lo que se creía intelectualmente pero que no se sabía experimentar conscientemente. Era una realidad proyectada como algo que el individuo tenía que hacer para evitar que algo malo sucediera, pero no como algo deseable y posible de experimentar.

Al elevar el nivel de energía más y más, sucede algo en la interacción de los átomos. Al continuar el proceso de espiritualización los niveles de energía y vibración seguirán elevándose. Se producirá entonces una transformación en la materia y el hombre podrá rebasar las leyes físicas naturales.

Este es el proceso de cruzar conscientemente de un mundo a otro, alcanzar la plenitud de la individuación. Entrar en el cielo es la razón por que la humanidad está aquí en la tierra. Ahora la humanidad sabe cómo poder hacer este recorrido.

Si la humanidad continúa con la idea de que la vida está para tener poder sobre otros y explotar el planeta, la raza humana no sobrevivirá. Por eso cada persona tiene que hacer todo lo que esté en su poder para compartir este mensaje.

Aprendizaje

Aprender a conectarse conscientemente con los procesos de la evolución.

Pasos del aprendizaje

1) *Ver:* las cosas que cada uno tiene que hacer y las verdades que hay que compartir.

2) ***Comprender***: que la vida está para compartir nuestros conocimientos, nuestros bienes, nuestra energía, nuestro amor.

3) ***Concluir:*** avanzar en el proceso de individuación. Formación de una nueva conciencia cultural.

Consecuencias

Cambios en la relación del hombre con la naturaleza, con los hombres, con las relaciones de producción y las leyes sociales. Elevación del nivel energético. Espiritualización. Formación del cuerpo de luz. Generación de una "ecología mística".

Obstáculos

Ansia de poder. Explotación del planeta.

B. Estructura conceptual

En esta revelación convergen un conjunto de elementos de crucial importancia en tanto esta visión, que cierra un ciclo, resignifica a posteriori el sentido de las ocho revelaciones anteriores. Entre estos elementos hay dos cuestiones que nos parecen las más significativas.

La primera se refiere a la evolución en sí misma del hombre, de la cual la conciencia es un eslabón reciente; la segunda, al proceso de individuación, que consiste en el plenario del espíritu que se realiza en una humanidad que se completa.

1. La evolución del fenómeno humano

Pierre Teilhard de Chardin tendría que ser un pensador que deberíamos leer más a menudo. Su obra es, sin duda, de las que más ha influido en el pensamiento de los gestadores del nuevo paradigma de la ciencia contemporánea. Su libro *El fenómeno humano* implica haber encontrado un punto de síntesis entre la materia y el espíritu, a la luz de la evolución.

Cada etapa del recorrido del proceso filogenético, de la previda hasta la conciencia pensante, se encuentra materializada en estructuras particulares y representa la superación, por un salto brusco, de un umbral de evolución, que implica a su vez, la emergencia de formas de organización imposibles para las estructuras de la etapa anterior.

Pasando por la vida el hombre emergió como fenómeno evolutivo, como la única forma capaz de generar conocimiento, y se dirige hoy hacia un nuevo umbral de conciencia, esta vez con dimensiones planetarias: la hiperconciencia.

De este modo las revelaciones y en especial la "novena" vienen a traer la buena nueva que Teilhard desarrollara bajo el título de la "Salida Colectiva" acerca de un acontecimiento que se está operando frente a nuestros ojos: un cambio sustancial en la especie humana cuyas consecuencias se expanden no solo a lo psíquico sino a lo social, lo ecológico, en suma a todos los campos de interacción de lo humano.

El hombre, desde sus orígenes, estaba destinado a realizarse como especie en tanto eje y flecha de la evolución. Y hoy el proceso continúa hacia nuevas realidades: la conciencia transpersonal o cósmica. Esta hiperconciencia parecería ser el destino futuro de la humanidad.

Pierre Teilhard de Chardin señala tres propiedades de la conciencia: "1ro., la de centrase solo parcialmente a su alrededor; 2do., la de poder centrase sobre sí misma cada día más; 3ro., la de estar conducida, gracias a esta misma sobrecentración, a reunirse con todos los demás centros que la rodean". Esto implica la tendencia de la conciencia hacia una convergencia con otras conciencias, movimiento inherente a su naturaleza que produce como efecto que se borren las fronteras entre lo universal y lo particular, lo transpersonal y lo personal, en tanto la "hiperconciencia" resultante a la que apunta solo puede ser capturada en la dirección en la cual sus múltiples flechas llegan a converger en síntesis y organización. Esto es afirmar que lo universal, la realidad total, la individuación de la especie, como tendencia de la evolución, no puede ser otra cosa más que una hiperconciencia personal conjugada en el "todo" transpersonal como destino de la vida. Este proceso, que podría ser denominado concentración psíquica, existe desde el origen como potencialidad de llegar a ser y como estructura rectora de todo el proceso de maduración de la humanidad. Lo nuevo es que en este milenio el hombre se encuentra en el punto de inflexión para atravesar este umbral de "salida colectiva" hacia la formación de la conciencia cósmica.

La Novena Revelación, justamente, da cuenta de esta transición y de los cambios que se irán produciendo en los diferentes planos de integración de la existencia humana.

2. La evolución como tanteo

Varias veces hemos intentado mostrar, a lo largo del libro, que:

a) la evolución es una búsqueda permanente, una presencia constante de una energía poderosa que tantea, insistentemente, en demandas de respuestas adecuadas.

b) que la humanidad está en proceso de evolución; es una realidad tangible hoy, y que

c) esta evolución tiene como destino la realización del hombre como especie: la unidad en la multiplicidad.

De modo tal que la evolución es una experiencia y el hombre debe aprender de la experiencia de la evolución.

> "Una cosa es tener el concepto de la evolución, saber que descendemos del mono o los delfines, que el Génesis es una parábola cultural, con un mensaje no histórico sino teológico-espiritual... Otra cosa es poder tener la experiencia de la evolución y sentirnos embarcados en esa corriente de energía poderosa, que ahora al final del siglo XX, está tan presente como hace 100 mil años o hace 5 mil millones de años.
>
> Este es el verdadero conocimiento de la evolución, el que nos permite intuir la utopía por venir, y no nos distrae con racionalizaciones estériles."
>
> **(Jorge H. Llambías)**

Una de las características centrales de la evolución es el tanteo. Esta perspectiva fue desarrollada por Teilhard de Chardin quien en su obra trasunta los valores que *La Novena Revelación* promueve como advenir en una maravillosa síntesis futura: la fuerza de la profecía, la belleza de la poesía y el rigor de la ciencia, lo cual no significa que ella en sí misma la concrete.

La energía se expresa a través del movimiento y el cambio. Desde el origen la materia ha sufrido cambios y mutaciones. La materia, como protagonista principal de la evolución, no ha cesado de buscar innumerables formas, con la finalidad de poder descargar de una manera más adecuada la energía que atesora.

En todo el largo período de la geosfera (pre-vida) la materia fue la única protagonista de nuestro planeta. Podemos imaginar los incontables modos en los cuales los átomos se organizaban y combinaban entre sí dando lugar a la aparición de los distintos elementos del mundo inorgánico, creciendo y complejizándose siempre según una ley aditiva.

Las moléculas así formadas tenían en común el ser compuestos de núcleos y electrones. Sin importar su nivel de desarrollo o su dimensión, siempre compartieron el tronco común del cual partieron.

> "Podríamos encontrar como dos caminos o direcciones por donde se expresaba esta búsqueda de la materia: el primero, el más común, el camino de la cristalización. Lo que caracteriza biológicamente a las especies minerales es haber elegido, semejante en esto a tantos organismos inevitablemente fijados, un camino que las cerró prematuramente. Por su estructura nativa, sus moléculas son incapaces de crecer. Para crecer y extenderse deben, de alguna manera, salir de sí mismas y recurrir a un subterfugio puramente externo de asociación: enlazarse y encadenarse, átomo a átomo, sin fundirse ni unirse de verdad. Ora se ordenan en hileras, como en el jade; ora se distribuyen en capas como en la mica; ora se dispone en tres bolillos sólidos como en el granate."
>
> **(Pierre Teilhard de Chardin)**

El segundo camino, el camino de la polimerización, utilizaba la clase de energía libre para replegarse sobre sí mismo en una labor de síntesis. Dice Teilhard:

"Alrededor de nuestro planeta naciente, además de los primeros esbozos de una barísfera metálica, de una litósfera silicada, de un hidrósfera y de una atmósfera, hay, pues, motivos para considerar la formación de una cobertura especial, antítesis de las cuatro primeras: zona templada de la polimerización, en la cual el agua, el amoníaco, el ácido carbónico, flotaban ya, bañados de rayos solares [...] las partículas se engarzan, se agrupan, y se intercambian, como en los cristales, pero ahora molécula a molécula, de manera que forman, por medio de una asociación ilimitiada, una molécula cada vez mayor y mas compleja."

Al seguir este camino más flexible y más complejo la materia encuentra casi de casualidad la puerta a través de la cual se producirá el primer salto evolutivo: la explosión de la vida. El pasaje del umbral de la materia a lo vivo.

La materia va a ser capaz de construir conjuntos materiales, pero por mucho que las relaciones de estos conjuntos se intensifiquen algunas relaciones no van a ser posibles en la materia. Y esta imposibilidad es superada por la vida, que aporta entre otras cosas la dimensión de duración, del tiempo.

Con la aparición de la célula la biosfera encuentra una manera nueva de estructurarse. Con la vida parece añadirse nuevos movimientos: la reproducción que permite la multiplicación geométrica de los organismos, la renovación constante de sus elementos, su diversificación y formas asociativas diferentes.

"Bajo nuestro ojos aparecen, en la naturaleza, todos los estadios de esta marcha, todavía no acabada, hacia la unificación o síntesis de los productos, acrecentados sin cesar, de la reproducción de los vivientes. Y es este nuevo estadio de la biosfera donde el método del tanteo aparece en toda su fuerza. Y he aquí por donde se prosigue y reaparece, al nivel de las partículas animadas, la técnica fundamental del tanteo, esa arma específica e invencible de toda multitud en expansión. El tanteo, en el que se combinan tan curiosamente la fantasía ciega de los grandes números y la orientación precisa de una meta perseguida. El tanteo, que no es solo el azar, con el que se lo ha querido confundirlo, sino un azar dirigido.

Llenarlo todo para ensayarlo todo. Ensayarlo todo para hallarlo todo."

(Pierre Teilhard de Chardin)

Merced a este proceso se transforma la trama del planeta y coexistiendo con la materia se expande la vida siempre más compleja con sus tipos, subespecies, especies, géneros... de vegetales y animales.

> "El árbol de la vida ha nacido y se ha desarrollado en la afanosa búsqueda vital de una mejor canalización de la energía, y el hilo conductor de esa maduración, el hilo de Ariadna que ilumina el proceso evolutivo de la vida es el sistema nervioso; el criterio de elección que existe en los organismos vivientes y que desembocará en el segundo salto revolucionario: la aparición de la conciencia consciente, del conocimiento y el amor, que sabe que sabe, el hombre."
>
> **(Jorge Hugo Llambías)**

Puestas así las cosas, de lo vivo emerge, entonces, el fenómeno humano como parte de este tanteo y como fruto del nacimiento del pensamiento y el conocimiento articulado como lenguaje.

Para Teilhard se llega entonces al punto de noosfera, donde aún nos hallamos, aunque a punto de sintetizar la energía hacia un nuevo umbral. La unidad de este estadio es el sujeto humano y el método del tanteo ya no se realiza combinando átomos y moléculas o modificando las especies o géneros de la biosfera, sino a través de las realizaciones culturales y sociales que el hombre pueda inventar. *Se prueba todo para encontrarlo todo.*

El hombre camina como conciencia reflexiva hacia una búsqueda de mayor conciencia y de mayor energía. El flujo de la evolución, mas allá de lo que él haga al respecto, es una fuerza poderosa que viene trabajando desde hace miles de millones de años y que no se detiene. Pero hoy se da la paradoja de que la evolución proseguirá con el hombre, ya sea porque la humanidad se une a su tanteo o se enfrenta a ella.

Las consecuencias que la evolución como experiencia enseña son varias:

1. Que todas las realizaciones humanas son frágiles. No hay

nada absoluto que pueda permanecer para siempre o no pueda ser superado.

2. No existe un camino único y excluyente. Todos los caminos pueden ser evolutivos. Como decía Edward Bach: "No hay errores o aciertos, solo experiencia".

3. El motivo de la evolución consiste en la experiencia dinámica de unidad. "Ser más es unirse más y más" (Teilhard de Chardin).

4. La evolución es un proceso de búsqueda irrefrenable.

> "Si podemos superar la ansiedad del corto plazo, vamos a encontrar la increíble cantidad de signos evolutivos, que se nos imponen cada vez con más fuerza, si nos damos tiempo para no dejarnos arrastrar por las apariencias inmediatas de la negatividad y la violencia. La evolución está siempre presente: alimentemos esa energía poderosa para poder encontrar las respuestas adecuadas a nuestros conflictos de hoy".
>
> **(Jorge Hugo Llambías)**

3. La evolución como renacimiento

Toda evolución y la evolución en sí misma implica la muerte de lo viejo y el nacimiento de lo nuevo. Muerte que no es destrucción sino transformación y acumulación. Entonces cada umbral de evolución significa la aparición de nuevos descubrimientos o "revelaciones", de las que se puede dar cuenta, en este caso, porque operan sobre el hombre como protagonista del suceso.

¿Cuál es el marco del renacimiento que se aproxima?

1. El descubrimiento del verdadero valor del hombre como parte de la creación y del universo. Nadie puede amar a otro si no se ama primero a sí mismo. Desarrollo del sentimiento de autoestima.

2. El descubrimiento de la solidaridad como método de resolución de los conflictos de la sociedad. Desarrollo del sentimiento de comunidad.

3. El descubrimiento de que la imperfección es al mismo tiempo la fuerza que nos motiva a evolucionar. Desarrollo del sentimiento de búsqueda.

4. El descubrimiento de que solo dando amor se recibe amor, dando energía se recibe energía. Desarrollo del sentimiento de entrega.

5. El descubrimiento de que la conciencia solo se realiza en la medida en que se centra en sí misma y se descentra hacia otras conciencias. Desarrollo del sentimiento de pertenencia.

4. La individualidad y la individuación

La individuación es un proceso de naturaleza histórica que consiste básicamente en la "constitución y particularización de la esencia individual". (C.G.Jung).

Sin embargo, desde "el momento en que el individuo no sólo es un ser singular sino que se presuponen en su existencia relaciones colectivas, el proceso de la individuación no lleva al aislamiento sino a una más intensa y general conexión colectiva" (C.G.Jung).

Correlativamente la individuación conduce al ensanchamiento de la conciencia y de la vida psicológica consciente.

Esta doble coordenada pone en evidencia el carácter particular del proceso de individuación: empuja al sujeto a la trascendencia en un nuevo nivel de comunicación transpersonal de la conciencia como un grado creciente de diferenciación.

Por individuación se entiende, ontológicamente, el carácter de una cosa que es una, indivisible y no reducible a otros elementos de la clase a la que pertenece. Su meta es la unicidad del individuo y esta postulación puede interpretarse bajo la convicción de que el hombre, para alcanzar el pleno desarrollo de su ser, debe estar dispuesto a desplegar todas las virtualidades y potencialidades que moran y duermen dentro de él, y desplegarlas en una armoniosa unión.

La fuerza motivadora de la individuación no nace o procede sólo de la actividad inconsciente, sino que necesita la participación de la actitud consciente. "En calidad de tal, la individuación es, por excelencia, una confrontación entre la conciencia y lo inconsciente." (C.G.Jung)

La condición de trabajo de este proceso radica en el principio de autorregulación de la psique que asegura un tránsito, en este camino, de alguna manera preestablecido de acuerdo con un orden dinámico, que comienza usualmente por la entrada en contacto, diálogo y enfrentamiento con la sombra, la parte más oscura y rechazada de cada uno de nosotros.

Pero así como existe esta dirección que implica la liberación del individuo de la determinación de la psique colectiva, late dentro del hombre una fuerza igualmente pareja de sentido inverso. El núcleo central de la fuerza que intenta mantener al sujeto atado a la naturaleza primitiva puede conceptualizarse bajo la forma del arquetipo edípico que expresa, simbólicamente, el accionar de las energías regresivas del sujeto.

La individuación es un progreso de la conciencia que consiste en integrar, totalizar, realizar las virtualidades del destino de la humanidad. Y este acto que se realiza en cada sujeto implica que cada logro individual del proceso sea colectado y conservado como conciencia en crecimiento, de modo que no se pierde, que se acumula.

Pero, al mismo tiempo que se reconoce a la individuación su rasgo personal, hay que pensar que no puede tratarse de un hecho aislado. Que no es posible individuarse en una humanidad que no se realiza. Que el hombre es parte de una trama de la cual no es independiente. Su conciencia es solidaria con el nivel evolutivo del todo.

La humanidad, como fenómeno y como proyecto, se dirige hacia un mayor grado de conciencia, hacia un universo consciente y "sería inimaginable si, simultáneamente a todo lo Consciente, no agrupara en sí todas las conciencias: cada una de ellas haciéndose consciente de sí misma al final de la operación, y aun, lo que es muy necesario asimilar, cada una llegando a ser ella misma, y por tanto más distinta de las demás cuanto más se vaya acercando al punto Omega" (P.Teilhard de Chardin).

Pero esta individuación de la especie no nace de la fusión y suma de conciencias individuales a las que asimila y anula, del mismo modo que en el sujeto la individuación no resulta de la adición de los complejos autónomos, que integran su personalidad, en un resultado abarcativo que borra las diferencias. La individuación aparece como estructura-estructurante, un "foco central" preexistente e inscrito como fuerza que condujo al hombre hasta su hominización y lo conduce a una hiperconciencia, respetando la unidad en la diferencia.

Esto lleva a la necesidad de distinguir dos términos: individualidad y personalidad. Teilhard de Chardin define bellamente esta distinción:

> "Cuando se busca separarse lo más posible de los demás, el elemento se individualiza; pero al hacerlo, da

un paso atrás y consigue arrastrar al Mundo hacia lo más bajo de la pluralidad en la Materia. En realidad, se disminuye a sí mismo y se pierde. Con el objeto de ser nosotros mismos de una manera plena, nos es necesario avanzar, precisamente por una dirección inversa, hacia el sentido de una convergencia con los demás; es decir, con el Otro. La meta de nosotros mismos, el colmo de nuestra originalidad, no es, pues, nuestra individualidad, es nuestra persona; y esta, por la estructura misma evolutiva del Mundo, no podemos hallarla más que por la unión. No existe espíritu sin síntesis. Siempre, pues, la misma ley, de arriba abajo. El verdadero Ego crece en relación inversa al egotismo. El elemento a imagen de Omega que le atrae, no puede llegar a ser personal más que al universalizarse."

La rotura de la oposición entre individual y colectivo y el mantenimiento de la personal-transpersonal o universal es clave para entender dos niveles diferentes de movimiento de lo psíquico en este punto: crecimiento e individuación. El hombre puede avanzar sintetizando lo individual y lo colectivo, sin que esto implique aumentar la cercanía a los gradientes de individuación que impone la meta de una conciencia reflexiva y cósmica de la especie. De modo que importa cómo se efectúa la síntesis y no solo la síntesis en sí misma, y las fuerzas que operan en una dirección correcta y congruente tanto con el desarrollo de la personalización como de la individuación son "energías intercéntricas". En otras palabras, el amor como energía.

Capítulo IV

Balance de una ilusión

"... son ilusiones, realizaciones de los deseos más antiguos, más intensos, más urgentes de la humanidad; el secreto de su fuerza es la fuerza de estos deseos."

(Sigmund Freud)

A lo largo de los capítulos anteriores hemos presentado las visiones contenidas en *La Novela Revelación* y el desarrollo de ciertos conceptos como historia, energía, sincronicidad, etc., que nos parecen nucleares para comprender que la evolución no es una "novela".

Nos ha parecido oportuno, también, diferenciar la novela de James Redfield de los "manuscritos celestinos", que aunque no tengan otra existencia que la que le brinda la arqueología del psiquismo colectivo de la humanidad, pueden ser pensados como una estructura mítica y arquetípica, que posee la fuerza que le otorgan los deseos de los hombres.

Entonces digamos: ¿por qué no? ¿Por qué no aceptar momentáneamente una hipótesis de existencia (similar a la del genio maligno de Descartes) en relación a unos supuestos manuscritos proféticos encontrados en Perú y escritos en arameo?

Lo que queremos decir con esto es que *La Profecía Celestina* (no la novela) es una ilusión y como tal no es necesariamente falsa, irrealizable o contradictoria, sino simplemente una formación imaginaria de los hombres, que responde a una de las invariantes constitutivas de la cultura.

Aceptado este supuesto, lo que proponemos ahora es pensar lo que la experiencia de confrontar *La Novena Revelación* con los imaginarios de una "masa crítica" de la humanidad nos enseña, en tanto el libro no deja de ser la plasmación de una cosmovisión o ideología sobre el hombre, el universo y su destino, que parte de la sociedad necesita creer y que, por lo tanto, defiende.

1. Ilusión y Malestar

Cultura y naturaleza son dos términos con los cuales se alude, respectivamente, a lo adquirido y lo dado. Pero también establecen dos modalidades de funcionamiento del psiquismo del hombre, regidas por la búsqueda de la libre descarga (naturaleza) y la restricción a la satisfacción (la cultura). A partir de este conflicto, inherente a la estructura misma de la humanidad, la cultura le da al hombre la posibilidad de experimentar la ilusión y el malestar como alternativas complementarias.

La vida, piensa Freud, como nos es impuesta trae consigo una carga gravosa y pesada: dolores, desengaños, tareas insolubles, enfermedad. Para soportarla "no podemos prescindir de calmantes" tales como las distracciones, las satisfacciones sustitutivas, etc. Estos calmantes se nos ofrecen como ilusiones, utopías que prometen darnos la felicidad que anhelamos, la dicha que esperamos.

Sin embargo, la realidad nos muestra que las utopías, por su propia definición, son irrealizables; "se diría que el propósito de que el hombre sea dichoso no está contenido en el plan de la creación". (S.Freud). Que el malestar es condición de estructura de la cultura y del hombre.

Frente a esta condición el hombre puede aceptar la realidad, constructivamente, y a partir de allí, edificar un proceso de crecimiento, o intentar transformarla imaginariamente, de acuerdo con sus deseos y, de este modo, sustraerse, temporalmente, al sufrimiento.

La Novena Revelación, como libro, intenta desarrollar una idea de la evolución como camino hacia la felicidad, y nos parece necesario poner en entredicho una "cultura de la felicidad", porque no es justamente la completud del bienestar la fuente motivadora del tanteo del hombre en busca de su destino, sino la carencia, los recursos escasos lo que lleva a la humanidad a buscar respuestas más creativas.

Aceptemos, entonces, que ilusión y malestar son invariantes de la existencia y de la cultura, así como las sombras y las luces integran por igual el psiquismo, y el cielo y el infierno, el "más allá". Crear la fantasía de que el bienestar será la próxima consecuencia del salto evolutivo que se avecina es desconocer, por una parte, el hecho de la naturaleza, siempre inconclusa y, por otra, la fuerza que posee la inclinación de la vida humana a interactuar agresivamente y autoaniquilarse, a desconocer el "Ama a tu prójimo como a ti mismo". De este modo, el mandato de la felicidad es inalcanzable y el desarrollo de las revelaciones celestinas una promesa destinada, paradójicamente, a obturar la dinámica de la evolución.

Sin embargo, *La Novena Revelación* ha generado pasiones, creencias y ha hecho "masa" en la sociedad detrás de sus ideas. ¿Por qué?

Porque refleja parte de lo que somos, parte de nuestros sueños, parte de nuestras ilusiones. En especial, la ilusión redentora, que lleva a la humanidad, inexorablemente, a hipotecar el futuro por causa de un pasado que intenta cambiar.

Las ilusiones no son ciertas ni inciertas, solo incorregibles. Y la incorregibilidad nos congela en una situación de expectativa; nos paraliza en un sueño que adormece nuestra fuerza creativa. Las ilusiones son imaginarios que, cual talismanes, nos fascinan y... nos devoran.

2. Los imaginarios

¿Cuáles son los imaginarios de *La Novena Revelación*?

a) El imaginario de la "guerra espiritual"

El primer imaginario que atraviesa el libro, del principio al fin, es la existencia de una la lucha entre las fuerzas del bien y del mal. Entre una energía salvadora y otra de signo contrario, malévola y adversa.

Los "adversarios" son los responsables de una poderosa conspiración. Las fuerzas negativas están dispuestas a todo con tal de impedir que el conocimiento de la "revelación" salga a la luz.

Esta idea es milenaria y el esoterismo de todos los tiempos plantea esta cuestión, en algunos casos con formas organizativas concretas, que manejan los hilos de la humanidad, contexto en donde cada una de las fuerzas despliega sus acciones.

En *La Novena Revelación* las fuerzas de la "oscuridad" detentan los resortes del poder y aunque alcanzan a ser visualizadas, en la imagen del obispo, como una posibilidad de aprendizaje, son energías externas al sujeto.

Sin embargo, la *Sombra* existe dentro de cada uno de nosotros. Es nuestro adversario que forma parte de nosotros, que nos pertenece y que, como el Mago de Terramar, debemos aprender que solo al integrarla nos completamos. Que la guerra no es una lucha que ocurre fuera de nosotros, sino dentro, entre la energía de transformación y la energía de conservación, entre la vida y la muerte, entre la realización y el estancamiento, entre la individuación y la masificación...

b) El imaginario del poder

El libro plantea en varias oportunidades la cuestión del poder: el poder como impedimento al cambio, el poder de la energía, el poder del amor, el poder de la palabra, el poder de la iluminación.

Nos parece que una cuestión también milenaria es la de la existencia de ciertos seres de luz, iluminados, maestros ascendidos, almas superiores que tienen "el poder" de alumbrar el parto de nuestra conciencia y nuestra vida espiritual. Es el poder de una vanguardia esclarecida que ocupa el lugar del "saber". Y lógicamente como saben, pueden. Pueden decidir por los que no sabemos y no podemos. Y aunque sea por "razones superiores" les asisten los mismos mecanismos de dominación que utilizan los "poderes de manipulación de la humanidad".

c) El imaginario de la simplicidad y la trascendencia

La evolución es una cosa que ocurre casi por casualidad. Un imaginario facilismo en los descubrimientos y en los avances. Todo parece ocurrir como encadenado a un orden lineal, forzado y ajeno a la realidad. Esto lleva a la promesa de una trascendencia no solo posible, sino alcanzable *ya*.

Estamos convencidos de que la sincronicidad existe, de que la energía existe, de que la fuerza del amor existe, pero los valores y la conciencia que el libro propone alcanzar no es trabajo de un día, ni de un encuentro. Es necesario el tallado de un cincel durante mucho tiempo y sobre mucha roca.

d) El imaginario de la "cultura emergente"

La Novena Revelación propone el advenimiento de una "cultura emergente" perfecta e ideal. Más allá del hecho de la dificultad estructural de esta utopía, este imaginario está montado sobre la igualación de los seres humanos en torno a un estilo de vida y de conciencia. Un hombre nuevo da lugar a una cultura nueva, una cultura nueva forma hombres nuevos, pero preferimos pensar la "cultura emergente" más cercana a la metáfora de T. Sturgeon en *Más que humano*, en donde el hombre nuevo es el fruto trabajoso de la integración de la diversidad en una totalidad, pero sin perder por ello su diferenciación y singularidad, y en donde el factor decisivo de este salto evolutivo es la incorporación de una dimensión ética en el hombre. Etica estructurante de una nueva humanidad.

3. ¿Qué proponemos?

* No dejarnos invadir por los imaginarios de *La Novena Revelación.*

* No tomar *La Novela Revelación* como una "verdad revelada", pero tampoco como una vocación inútil.

* Mirar *La Novena Revelación* como un síntoma de nuestra cultura, que expresa anhelos arquetípicos, fantasías, miedos y conflictos.

* Considerar *La Novena Revelación* como un gatillo que ha disparado en nosotros la aventura de pensar.

* Sentirnos parte de una comunidad que busca y que "prueba todo" -aun lo equivocado- y que de todo puede aprender.

* Comprender que más allá de los intereses personales del autor de la novela, la enunciación trasciende a su enunciado.

* Poner entre paréntesis la naturaleza literaria, pobre e inverosímil, del relato, para reflexionar sobre las revelaciones como un texto mítico: imaginarios, ilusiones, recuerdos, proyectos.

* Aplicar a *La Profecía Celestina* la frase de Marc Bloch:

> "... la cuestión no es saber si Jesús fue crucificado y luego resucitó. Lo que se trata de comprender es por qué tantos hombres creen en la Crucifixión y en la Resurrección."

Una respuesta a la pregunta que se formula Bloch es la que da Susana, una lectora amiga, que a veces nos obliga a "barajar y dar de nuevo" los originales de nuestros libros:

"La clave del éxito de la novela es que da en la médula de la espiritualidad de mucha gente (en la imperiosa necesidad de acrecentarla, de expandirla); en el deseo humano- ancestral, quizás por ello, inconsciente- de trascendencia e inmortalidad. De manera muy precaria, con gran pobreza novelística, *La Novena Revelación* sugiere- de allí su atractivo- que si logramos que nuestra energía no muera, no moriremos. (Si redujéramos los temas trágicos del hombre a una sola cuestión, esa cuestión es: la muerte.)

The Celestine Prophecy *prefigura* la búsqueda espiritual que millones de seres humanos, entre los que me incluyo, humildemente, han iniciado de una nueva utopía: la esperanza de ser mejores, en nuestro intento de lograr un mayor nivel de evolución, de expansión de nuestras conciencias, desde el corazón mismo del amor.

En fin, el mérito de Redfield es que pudo urdir una trama en la que se entretejieron los deseos espirituales de sus contemporáneos. (**Los hombres se parecen más a su tiempo que a sus padres.** Proverbio árabe)."

En *Del Sentimiento Trágico de la Vida,* Unamuno, al hablar de la muerte, dice que el hombre siente desde que es consciente una enorme "hambre de inmortalidad" y aclara:

"El universo visible, el que es hijo del instinto de conservación, me viene estrecho, esme como una jaula que me resulta chica, y contra cuyos barrotes da en sus revuelos mi alma: fáltame el aire para respirar.[...] ¡Eternidad! ¡Eternidad! Este es el anhelo [...] La sed de eternidad nos ahogará siempre ese pobre goce de la vida que pasa y no queda. No quiero morirme, no, no quiero ni quiero quererlo; quiero vivir siempre, siempre, y vivir yo, este pobre yo que me soy y que me siento ser ahora y aquí, y por esto me tortura el problema de la duración de mi alma, de la mía propia".

La Profecía Celestina promete la inmortalidad y la invisibilidad, dos bienes que los alquimistas buscan, desde la antigüedad, porque simbolizan la trascendencia de las ataduras y límites de la naturaleza. Bienes que ellos buscan, porque la humanidad los busca. Bienes

Colección
Terapias y Medicinas Alternativas

TERAPIAS Y MEDICINAS ALTERNATIVAS

En esta interesante colección, el lector podrá encontrar la más variada gama de temas sobre medicinas alternativas, que incluyen esencias florales, terapias naturistas y vibracionales y las relaciones que las unen, tanto entre sí como con la medicina alopática y la cirugía, haciendo hincapié fundamentalmente en la aplicación práctica y clínica de cada método, en forma clara, comprensible y amena.

Esencias florales: el tema abarca desde los sistemas más conocidos, como el de Bach (*Flores de Bach I y II, Bach por Bach, Jung y flores de Bach)* y el de California *(Flores de California I y II)*, hasta otros menos difundidos, pero no por eso menos efectivos, como el de Bush *(Esencias florales australianas: el sistema unicista Bush)* y el de Arizona *(Esencias florales de Arizona: la alquimia del desierto)*, preparadas a partir de las flores de las cactáceas de esa región de los Estados Unidos de Norteamérica. También se incluyen varios títulos sobre prácticas psicoterpéuticas, *(Jung y flores de Bach - Arquetipos y flores; Terapias florales y psicopatología; Jung y el proceso de individuación y Volver a Jung*, en los cuales se relacionan las teorías arquetípicas de Jung con las signaturas esenciales de las distintas flores.

Terapias naturistas: reúne una serie de títulos sobre diversos sistemas terapéuticos, tan variados como: Ayurveda, la ancestral medicina hindú *(Ayurveda, las ciencia de curarse uno mismo)*; Zen-Shiatsu (*Zen-Shiatsu - tratado de terapias manuales: masajes, dígitopuntura, quiropraxia china y osteopatia)*; propóleo *(Propóleo - Miel, jalea real, polen y apitoxina)*, y el poder curativo de los jugos frutales *(Cura por los jugos naturales - Zumoterapia)* y de las fragancias florales (*Aromaterapia - Manual práctico y clínico)* y del aloe (*Aloe - Sábila - Manual práctico y clínico)*.

Terapias vibracionales: incluye diversos sistemas curativos basados en la armonización de los cuerpos sutiles, como elixires de cristales *(Gemas - Gemoterapia, manual práctico y clínico)*; la aplicación de imanes *(Magnetoterapia - Libro de autoayuda; cura por los campos energéticos; Magnetoterapia y acupuntura - Manual práctico y clínico* y temas afines, como *Terapias de vidas pasadas, Numerología* y *Lo no revelado de la Novena Revelación*.

Todos estos libros han sido escritos por terapeutas de vasta trayectoria, y sus conceptos claros y concisos están especialmente concebidos para que puedan ser aplicados tanto por otros terapeutas como por los mismos pacientes

Colección
Terapias y Medicinas Alternativas

Vol. 1 - **Jung y Flores de Bach** - *Arquetipos y Flores* - B. Espeche - E. Grecco

Vol. 2 - **Ayurveda** - *La ciencia de curarse uno mismo* - Dr. Vasant Lad

Vol. 3 - **Flores de Bach** - *Manual práctico y clínico* - B.Espeche

Vol. 4 - **Zen Shiatsu** - *Tratado de terapias manuales* - Juan Carlos Descole

Vol. 5 - **Flores de California** - *Manual práctico y clínico* - E. Grecco - B. Espeche

Vol. 6 - **Gemoterapia** - *Cura por esencias minerales - Manual práctico y clínico* - Pedro Crea

Vol. 7 - **Bach por Bach** - *Obras completas - Escritos Florales* Dr. Edward Bach

Vol. 8 - **Flores de Bach II** - *Clínica, terapéutica y signatura* - Bárbara Espeche

Vol. 9 - **Magnetoterapia** - *Libro de Autoayuda - Cura por los campos energéticos* - Dr. H. Bansal

Vol. 10 - **Terapias Florales y Psicopatología** - Eduardo Grecco

Vol. 11 - **Flores de California II** - *Sistema de esencias pluralistas- Repertorio de síntomas* - Espeche - Grecco - Valdez

Vol. 12 - **Esencias Florales Australianas** - *Sistema Unicista Bush - Repertorio de síntomas* - B.Espeche - E.Grecco

Vol. 13 - **Volver a Jung** - Eduardo Grecco

Vol. 14 - **Propóleo** - *Manual práctico y clínico (Miel - Jalea Real - Polen y Apitoxina)* - Pedro Crea

Vol. 15 - **Cura por los jugos naturales** - *Zumoterapia* - N. N. Saha

Vol. 16 - **Magnetoterapia y acupuntura** - *Manual práctico y clínico* - Anil K. Mehta

Vol. 17 - **Aromaterapia** - *Manual práctico y clínico* - Pablo Salomone

Vol. 18 - **Jung y el proceso de individuación** - *Un enfoque mítico-simbólico* - Alberto Chislovsky

Vol. 19 - **Esencias florales de Arizona** - *Cactus: la alquimia del desierto* - Cynthia Athina Kemp

Vol. 20 - **Curación por cristales, gemas y minerales** - *Manual práctico y clinico* - Pedro Crea

Vol 21 - **Aloe** - *Sábila, manual práctico y clínico* - Pedro Crea

Vol 22 - **Terapias de vidas pasadas** - *Técnica y práctica* - José Luis Cabouli

* * **Numerología** - *Conocimientos básicos* - Alicia Vénere

* * **Lo no revelado de la novena Revelación** - Eduardo Grecco